AF217585

Ute Rabe
Dinkel und Grünkern

Ute Rabe

Dinkel und Grünkern

fantastisch vegetarisch

pala
verlag

Für Hans-Joachim

Ich möchte allen danken, die mich durch Rat und Tat bei der Arbeit an diesem Buch unterstützten.
Ganz besonders den Landwirten aus dem Bauland um Boxberg, die mich mit den Geheimnissen der Grünkernerzeugung bekannt machten.

Inhaltsverzeichnis

Vorbemerkung 7
Der Dinkel 9
Ein Getreide mit großer Vergangenheit 14
Der Grünkern 19
Einkaufstipps 28
Kochen mit Dinkel und Grünkern 30
Zu den Rezepten 32

Suppen 35
Salate 49
Deftiges 57
Bratlinge und Saucen 83
Mehlspeisen und Breie 95
Müslis 103
Torten und Kuchen 109
Süßspeisen und Gebäck 125
Brot und Brötchen 137

Literatur- und Quellenangaben 152
Die Autorin 153
Rezeptindex 154

Vorbemerkung

Als dieses Buch vor über 20 Jahren zum ersten Mal erschien, waren Dinkel und Grünkern über Jahre hinweg aus unserem Speiseplan fast vollständig verschwunden. Immer mehr Menschen wollten sich gesünder und bewusster ernähren und suchten nach Alternativen zum industriell gefertigten »Einheitsfutter«. Für diese Leute ist das Vollwertkochbuch »Dinkel und Grünkern« ursprünglich entstanden. Man war gerade dabei, die Vorzüge des alten Getreides für die Vollwertküche zu entdecken. Das Buch lieferte damals und liefert auch heute noch Informationen über Anbau und Verarbeitung und bietet alte und neue Rezeptideen mit Grünkern und Dinkel. 1990 waren das für viele Menschen echte Neuigkeiten, denn aus den Lebensmittelgeschäften war dieses Getreide völlig verschwunden, man wurde nur in wenigen Reformhäusern oder Bioläden fündig.
Inzwischen ist einiges anders geworden. Grünkern und Dinkel gehören einfach dazu und sind überall erhältlich. Die Produktion hat sich erheblich ausgeweitet und die Erzeuger registrieren immer noch steigende Nachfrage. Nach wie vor suchen Vollwertköchinnen und -köche nach Rezepten mit dem gesunden und schmackhaften Getreide. Deshalb ist nun nach all den Jahren eine dritte überarbeitete Neuauflage notwendig geworden.

Ute Rabe, April 2012

Der Dinkel

Auch als das Getreide Dinkel fast ganz von unseren Speisezetteln verschwunden war, begegnete uns der Name »Dinke« noch in vielen Ortsbezeichnungen wie *Dinkelrode* oder *Dinkelsbühl* oder auch als Familiennamen wie *Dinkelmann* oder *Dinkelacker.* »Insider« kennen Dinkel auch unter verschiedenen Bezeichnungen, z. B. Spelz, Korn oder »die Kernen«, wovon sich der Name »Grünkern« ableitet. Die lateinische Bezeichnung lautet *Triticum spelta L.*

Dinkelkörner sind Weizenkörnern sehr ähnlich, wobei das Dinkelkorn etwas größer und schlanker ist als das Weizenkorn. Der Dinkel ist der nächste Verwandte des Weizens und lässt sich in der Küche auch ähnlich verwenden. Allerdings besitzt er einige Eigenarten (mehr dazu im Kapitel »Kochen mit Dinkel und Grünkern«, Seite 30).

Auch auf dem Feld ist der Dinkel dem Weizen sehr ähnlich. Wenn er nicht mit chemischen Halmverkürzern behandelt wird, erreicht er eine Höhe von bis zu 1,50 m. Dinkelbestände sehen etwas schütterer aus als Weizenfelder, und viele Sorten fallen schon von Weitem durch ihre rotbraune Färbung auf. Die Ähren der heutigen Sorten sind sehr schlank und – im Gegensatz zu den früheren – unbegrannt, das heißt, sie besitzen keine steifen, widerhakigen Borsten, sogenannte Grannen. Unreife Ähren stehen senkrecht, bei der Reife senken sie sich in eine nickende Stellung ab. Eine Ähre besteht aus vielen kleinen Ährchen, die links und rechts der Ährenspindel angeordnet sind. Jedes dieser Ährchen enthält in der Regel zwei Körner. Sie sind von Spelzen umschlossen, die so fest zusammengewachsen sind, dass das Korn nicht ausfällt. Spelze und Korn sind jedoch nicht miteinander verwachsen.

Da die Ährenspindel sehr brüchig ist, zerfallen die Ähren leicht in die einzelnen Ährchen, die man *Vesen* nennt. Um speisefertigen Dinkel zu erhalten, müssen die Körner in der Mühle durch einen sogenannten Gerbgang von den Spelzen befreit werden. Bei der Lagerung hingegen bieten die Spelzen einen willkommenen Schutz. Auch zur Aussaat, die im September und Oktober stattfindet, lässt man die Körner in den Spelzen. Das Getreide geht noch im Herbst auf und die Pflanze beginnt mit der Bestockung, das heißt, sie bildet erste Seitentriebe. Im Frühjahr setzt dann das eigentliche Wachstum ein. Jede Getreidepflanze bildet mehrere Ähren aus, die Ende Juli erntereif sind.

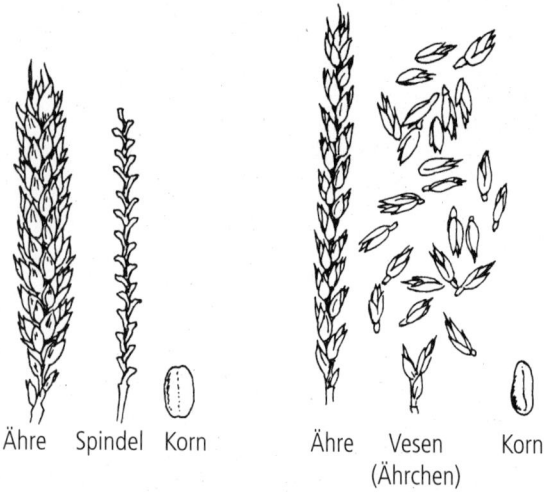

Weizen und Dinkel im Vergleich

Stiefkind der modernen Landwirtschaft

Weil sich Weizen und Dinkel so ähnlich sind, standen sie schon immer in Konkurrenz zueinander. Im Laufe des 20. Jahrhunderts hat der Weizen den Dinkel fast vollständig verdrängt. Diese Entwicklung wird verständlich, sobald man sich mit den Anbaumethoden beschäftigt, die durch die Eigenarten der beiden Pflanzen bedingt sind.

Dinkel besitzt gegenüber Weizen unbestreitbare Vorteile, er ist vor allem widerstandsfähiger. Er verträgt starken Frost und gedeiht sogar noch auf Gesteinsböden mit seichter Ackerkrume. Aufgrund dieser Eigenschaften eignet er sich für den Anbau in Höhenlagen bis zu 1000 m. Weizen verlangt dagegen ein milderes Klima und besonders ergiebige Böden. Dinkel ist sowohl gegen übermäßige Nässe als auch gegen Trockenheit unempfindlicher. Sein kräftiges Wurzelwachstum ermöglicht eine bessere Ausnutzung der vorhandenen Nährstoffe im Boden. Die fest verwachsenen Spelzen schützen die Körner vor Krankheiten, Vogelfraß und dem Auswachsen. Kräftige Blätter unterdrücken Unkraut.

Für die moderne Massenproduktion von Lebensmitteln wogen und wiegen auch heute noch die Nachteile des Dinkels schwerer, denn Dinkel ist weniger ertragreich als Weizen.

Mit konventionellen Anbaumethoden erzielt man bei Dinkel Erträge von 22 – 25 dz/ha entspelzter Ware, bei Weizen dagegen 70 dz/ha. Allein das ist ein verständlicher Grund dafür, dass nur dort Dinkel angebaut wird, wo wirklich kein Weizen mehr wächst. Außerdem erfordert die Beschaffenheit der Dinkelähre bei der Ernte und der Aufbereitung besondere Techniken. Früher schnitt man die Halme mit der Sichel und zog die Ährenbündel noch auf dem Feld durch ein Reff, einen großen Kasten mit einem Kamm an der Oberkante. Die Ähren blieben in diesem

Kamm hängen und fielen dann in den Kasten. Diese Arbeit war sehr anstrengend und zeitraubend. Die ersten Erntemaschinen, die zu Beginn des 20. Jahrhunderts aufkamen, z. B. Mähbinder, konnte man zur Dinkelernte nur schwer einsetzen, da die brüchigen Ährenspindeln bei dieser Technik zerfielen und auf diese Weise viel Getreide verloren ging.
Sehr umständlich ist auch das Entspelzen, das sogenannte Gerben der Vesen. Der Spelzenanteil macht etwa 30 – 35 % des geernteten Dinkels aus. Um die Körner von ihrer Hülle zu trennen, muss eine Mühle mit einem sogenannten Gerbgang ausgerüstet sein. Diese Spezialeinrichtung besteht wie eine normale Mühle aus zwei runden Steinen, von denen der untere feststeht und sich der obere dreht. Gerbmühlen haben besonders weiche Steine, die mit viel Fingerspitzengefühl so eingestellt werden müssen, dass der Abstand eng genug ist, um die Spelzen aufzubrechen, ohne die Körner zu beschädigen. In modernen Anlagen werden die Vesen von rotierenden Hämmern durch ein Sieb gepresst, das die Spelzen zurückhält. Das Getreide wird danach durch eine Reinigungsanlage geschickt, um Spelzen, Unkrautsamen und Steine auszusortieren.
Der Gerbgang entfällt beim Weizen völlig, weil die Weizenkörner lockerer in den Spelzen sitzen. Sie fallen bei den heutigen Erntemethoden schon im Mähdrescher heraus und müssen in der Reinigungsanlage nur noch von Verunreinigungen befreit werden. Der im Vergleich erhebliche Mehraufwand bei geringerem Ertrag führte dazu, dass der Dinkel im vorletzten und letzten Jahrhundert auch züchterisch immer mehr vernachlässigt wurde. Man züchtete stattdessen widerstandsfähigere Weizensorten und weitete den Weizenanbau durch Kunstdünger und Pflanzenschutzmaßnahmen auch auf ungünstigere Standorte aus. Während des »Dritten Reichs« legte die Regierung allen

Dinkelbauern in Deutschland nahe, anstelle von Dinkel den ertragreichen Weizen anzubauen, um dadurch Versorgungsengpässen entgegenzuwirken.
Die Dinkelernte ist heute einfacher geworden. Man kann Dinkel wie Weizen mit dem Mähdrescher ernten. Dabei stört es nicht, dass die Spindel zerfällt. Die Vesen werden im Mähdrescher gesammelt und auf Wagen verladen, die sie dann in die Mühle bringen. Der Gerbgang ist allerdings unentbehrlich geblieben, und daran wird sich in Zukunft nichts ändern.
Als aus dem einstigen Handwerk Bäckerei immer mehr eine Industrieproduktion wurde, hatte man erst einmal Schwierigkeiten, den zähen Dinkelteig mit Maschinen zu verarbeiten, was ein weiterer Grund für die sinkende Nachfrage nach Dinkel war. So hat der Dinkelanbau hauptsächlich in seinem »Stammland« um Boxberg und Bad Mergentheim, dem »Bauland«, überlebt. Vor etwa 20 Jahren – als auch dieses Buch zum ersten Mal erschien – setzte wieder ein breiteres Interesse an dem alten Korn ein. Diese Entwicklung ist bis heute ungebrochen. Heutige Bäckereimaschinen können auch Dinkelteig verarbeiten, manche mittelständische Betriebe haben sich geradezu auf die Produktion von Dinkelgebäck spezialisiert, weil es von vielen Kunden nachgefragt wird.

Ein Getreide mit großer Vergangenheit

Hildegard von Bingen

Der wohl meistzitierte alte Quellentext über Dinkel stammt von der heiligen *Hildegard von Bingen*. Sie wurde 1098 als letztes von zehn Kindern in Bermersheim bei Alzey in Rheinhessen geboren. Im Alter von acht Jahren wurde sie der Gräfin Jutta von Sponheim zur Ausbildung übergeben, die sie zusammen mit einigen anderen Schülerinnen in Lesen und Schreiben, im Singen der Psalmen, in Handarbeit und in Musik unterrichtete. Im Laufe der Zeit entwickelte sich aus dieser Schule ein Benediktinerinnenkloster und nach dem Tod der Meisterin im Jahre 1136 wurde Hildegard einstimmig zur Äbtissin gewählt. Einige Jahre später wurde dieses Kloster auf den Rupertsberg bei Bingen verlegt.

Schon im Kindesalter hatte sich bei Hildegard die Gabe der »Schau« bemerkbar gemacht, die sich später zu einem visionären Zustand entwickelte. Nach der Überlieferung erhielt sie von Gott einen konkreten Auftrag: »Schreib, was du siehst und hörst! Tu kund die Wunder, die du erfahren! Schreib sie auf und sprich!« Hildegard erschrak hierüber zutiefst und wollte sich scheu zurückhalten. Daraufhin jedoch wurde sie krank und war wie gelähmt. Erst als sie anfing zu schreiben, wurde sie wieder gesund. Im Jahre 1147 las Papst Eugen III. auf einer Synode aus ihren Schriften vor, wodurch ihre Gabe der Schau von höchster Stelle anerkannt und Hildegard als *die* deutsche Mystikerin im gesamten Abendland berühmt wurde.

Ihr Leben widmete Hildegard von Bingen der Liebe zu Gott und zur Kirche. Um die vielen Nonnen unterzubringen, gründete sie

in Eibingen oberhalb von Rüdesheim ein zweites Kloster. Neben ihrer schriftstellerischen Tätigkeit unterhielt sie Korrespondenzen mit insgesamt vier Päpsten und zahlreichen Kirchenfürsten und unternahm auch im hohen Alter von über siebzig Jahren noch ausgedehnte Missionsreisen.
Hildegard war nicht nur um das geistige Wohl ihrer Mitmenschen besorgt, sondern suchte auch nach Wegen, um den Kranken zu helfen. Sie war selbst oft krank und schrieb ihre Medizinbücher, um die Menschen auf die Heilkräfte der Natur aufmerksam zu machen. Erst in neuerer Zeit ist die Bedeutung ihrer medizinischen Erkenntnisse und Ratschläge wieder neu entdeckt und bestätigt worden. Ein zentraler Bestandteil der Hildegard-Medizin ist das Dinkelkorn, über das sie in ihrer *Physika* schreibt:

> *»Dinkel ist das beste Getreidekorn, es wirkt wärmend und fettend, ist hochwertig und gelinder als alle anderen Getreidekörner. Wer Dinkel isst, bildet gutes Fleisch. Dinkel führt zu einem rechten Blut, gibt ein aufgelockertes Gemüt und die Gabe des Frohsinns. Wie immer zubereitet ihr Dinkel esst – so oder so – als Brot oder als eine andere Speise gekocht, Dinkel ist mit einem Wort gut und leicht verdaulich.«*

Hildegard von Bingen starb am 17. September 1179 im Alter von 81 Jahren.

Die Geschichte

Als die Äbtissin Hildegard von Bingen sich Gedanken über den Dinkel machte, war dieser schon eine sehr alte Kulturpflanze. Im Kaukasus hat man in Siedlungen, die man ins 5. und 6. vorchristliche Jahrtausend datieren konnte, Reste von Dinkelährchen gefunden.

Durch Bodenfunde weiß man, dass Dinkel seit etwa 1900 v. Chr. auch in Mittel- und Nordeuropa angebaut wurde. Der Anbau weitete sich immer mehr aus. Dinkel wuchs meist zusammen mit anderen Getreidearten wie Weizen, Emmer oder Gerste. Besonders interessant sind Gefäße aus der Bronzezeit (1100 – 800 v. Chr.), in denen man Essensreste gefunden hat. Damals kochte man Dinkel zusammen mit Linsen, Ackerbohnen oder mit anderem Getreide.

Geografisch beschränkte sich der Dinkelanbau in Mitteleuropa auf Südwestdeutschland und den Niederrhein. »Hochburgen« des Dinkelanbaus waren schon immer der Neckarraum und die Schweiz, also Gegenden mit einem rauen Klima und kargen Böden. Seit der Römerzeit gab es in diesen Gebieten Gehöfte, die auf Dinkelanbau spezialisiert waren.

Bemerkenswert ist, dass die Schweizer, deren Hauptbrotgetreide Dinkel war, im Spätmittelalter dieses Getreide aus Deutschland importierten. Dadurch erlebte der Anbau hier eine besondere Ausweitung. Als sich im 19. Jahrhundert die bäuerliche Gesellschaft zu einer Industriegesellschaft wandelte, bedeutete dies das Aus für den arbeitsaufwendigen Dinkelanbau: Der Dinkel passte nicht mehr in die immer schnelllebiger werdende Zeit und wurde vom Weizen in die kargen Landstriche zurückgedrängt. Besonders rasant wurde dieser Prozess zu Beginn des 20. Jahrhunderts. Um 1960 kam der Dinkelanbau fast ganz zum Erliegen. Reste erhielten sich in der Schweiz, im Bauland

und in Belgien, wo Dinkel heute hauptsächlich an Jungvieh verfüttert wird.
In den verschiedenen Anbaugebieten wurden jeweils eigene Sorten gezüchtet. So gibt es z. B. den *Bauländer Spelz*, den *Roten Tiroler* und die besonders ertragreichen belgischen Sorten. In jeder Region ist man auf die eigene Sorte besonders stolz und achtet streng darauf, wie das Saatgut verteilt wird. Auf manchen Höfen, die ihr Saatgut selbst ziehen, haben sich regelrechte »Hofsorten« herausgebildet.

Die Wiederentdeckung

In den letzten Jahrzehnten ist die Nachfrage nach Dinkel wieder gestiegen.
Viele Verbraucherinnen und Verbraucher sind in Bezug auf ihr »tägliches Brot« qualitätsbewusster geworden. Und die Qualität von Dinkel ist unbestritten sehr gut. Im Hefe- oder Biskuitteig hält der zähe Dinkelkleber besonders viel Luft, wodurch das Gebäck lockerer wird. Auch Bratlinge werden durch kein anderes Getreide so gut zusammengehalten, was auf den hohen Klebergehalt des Dinkels und dessen besonders gute Quellfähigkeit zurückzuführen ist.
Heute bevorzugen viele Verbraucherinnen und Verbraucher Dinkelprodukte aus biologischem Anbau; sie interessieren sich dafür, wie das, was sie essen, produziert wird. Dinkel eignet sich besonders gut für einen Anbau ohne chemische Hilfsmittel. Die robuste, anspruchslose Pflanze gedeiht auch ohne die »Segnungen« der modernen Agrarchemie gut. Die fest verwachsenen Spelzen schützen das Dinkelkorn zudem vor Umweltgiften aus Luft und Regen. Allerdings nimmt auch Dinkel aus biologischem Anbau durch die Wurzel Gifte auf, die durch Luftverschmutzung

und sauren Regen in den Boden gelangen. Dagegen hilft nur die Verringerung der Schadstoffemissionen bzw. noch besser deren Einstellung.

Seit es immer mehr Menschen gibt, die bereit sind, für biologisch erzeugte, hochwertige Lebensmittel einen entsprechenden Preis zu bezahlen, lohnt es sich für die Bauern wieder, über Dinkelanbau nachzudenken. Manche Bauern haben sich zusammengeschlossen, um für ortsansässige Mühlenbetriebe einen Gerbgang anzuschaffen. Andere transportieren ihre gesamte Ernte über weite Strecken ins Stammland der Dinkelbauern, in die fränkische Region um Boxberg und Bad Mergentheim, um den Dinkel dort gerben zu lassen. Trotz dieser Schwierigkeiten wird der Dinkelanbau für manche wieder zum lohnenden Geschäft, da der Dinkel als pures Getreide nicht nur von Endverbrauchern neu entdeckt wird. Vielmehr bietet auch die Lebensmittelindustrie immer mehr Produkte aus Dinkel an. Besonders Fertigmischungen für Suppen und Bratlinge, Müsli, Backmischungen und Brotaufstriche mit Dinkel werden immer beliebter. Auch Backwaren aus Dinkel haben sich inzwischen auf dem Lebensmittelmarkt etabliert.

Nach wie vor ist der Trend hin zum Dinkel ungebrochen.

Auch außerhalb der traditionellen Anbaugebiete reift das alte Getreide inzwischen. Nachdem in der Vergangenheit ab und zu Versorgungsengpässe vorkamen oder aber übereifrige Bauern zu viel Dinkel und Grünkern produzierten, hat sich das Verhältnis von Angebot und Nachfrage in der letzten Zeit relativ stabil eingependelt.

Der Grünkern

Grünkern ist eine alte Spezialität aus Dinkel, die vor einiger Zeit erst wieder neu entdeckt wurde. Die erste urkundliche Erwähnung von Grünkern stammt aus dem 17. Jahrhundert. Seine Herstellung war schon immer ganz eng auf das Bauland, eine Landschaft im nordöstlichen Baden-Württemberg, beschränkt. Seit etwa hundert Jahren wird Grünkern vorwiegend für die Herstellung von Fertigsuppen verwendet. Aufgrund des gestiegenen Ernährungsbewusstseins sind die ganzen Körner inzwischen auch wieder als Endprodukt gefragt. Es ist eine starke Nachfrage nach biologisch erzeugter Ware festzustellen. Da sich der Grünkern von dem Ausgangsprodukt Dinkel wesentlich unterscheidet, soll hier ein Blick auf seine Eigenarten und vor allem auf seine Herstellung geworfen werden.

Charakteristisches

Grünkernkörner sind dunkler als die sattgelben Dinkelkörner. Sie haben eine eigentümliche, grünbraune Farbe, die dem Grünkern auch zu seinem Namen verholfen hat. Das einzelne Korn ist etwas kleiner als ein Dinkelkorn und macht beim näheren Hinsehen einen etwas vertrockneten Eindruck. Grünkern ist viel härter als Dinkel, wird beim Kochen jedoch schneller gar. Er hat einen sehr würzigen Geschmack, was ihn besonders beim Einstieg in die Körnerküche so beliebt macht. Auf den ersten Blick könnte man annehmen, es handele sich um eine eigene Getreideart, die, wie Weizen oder Roggen, auf dem Feld wächst. Doch weit gefehlt!

Grünkern wird aus unreif geerntetem Dinkel hergestellt, der auf einer Darre, einer Vorrichtung zum Trocknen bzw. Rösten von

Getreide, über Holzrauch getrocknet wurde. Die Grünkernernte ist noch heute ein Prozess, zu dem sämtliche Familienmitglieder hinzugezogen werden.

Auf den Zeitpunkt kommt es an

Der richtige Erntezeitpunkt ist die wichtigste Voraussetzung für die Herstellung von gutem Grünkern. Der Dinkel wird in der sogenannten *Milch-* oder *Teigreife* geerntet. Das bedeutet, dass die Körner zwar schon ihre endgültige Größe haben, aber noch weich sind. Ähren und Halme sind noch grün und die Körner enthalten eine weiße, breiige Masse, die sich leicht herausdrücken lässt. Die Teigreife liegt etwa zwei bis drei Wochen vor der Vollreife der Dinkelkörner.

Die Grünkernernte beginnt, je nach Wetterlage, in der zweiten Julihälfte und dauert etwa zwei Wochen. In dieser Zeit sind die Bauern rund um die Uhr beschäftigt. Der Dinkel wird mit dem Mähdrescher geerntet. Dabei zerfallen die Ähren – ebenso wie im reifen Zustand – in die Vesen. Diese werden in Säcke abgefüllt oder direkt auf Wagen verladen und zur Darre transportiert.

Wie viel Grünkern hergestellt werden kann, richtet sich allein nach der Kapazität dieser Darren, denn die grün geernteten Vesen sind nicht lagerfähig; sie müssen sofort weiterverarbeitet werden. Es ist daher außerordentlich wichtig, die kurze Erntezeit so gut wie möglich auszunutzen. Es werden regelrechte Terminpläne für die Gemeinschaftsdarren gemacht und alle verfügbaren Wagen werden untereinander ausgeliehen. Günstig ist es, wenn ein Bauer Dinkelfelder in verschiedenen Lagen hat, die nacheinander reifen. Auch durch unterschiedliche Düngung und die Staffelung der Aussaattermine kann man den Reifezeitpunkt beeinflussen und die Erntezeit dadurch etwas verlängern.

Ideales Erntewetter für Grünkern herrscht, wenn es etwas bedeckt ist, weil der Zustand der Teigreife dann besonders lange anhält. Wenn die Körner ein bestimmtes Stadium überschritten haben und anfangen, hart zu werden, lässt sich kein Grünkern mehr herstellen, da sie nach dem Darren gelb bleiben würden. Diese Felder lässt man dann voll ausreifen.

Alte Techniken ...

Grünkern wurde einst aus der Not heraus geboren. Um in verregneten Sommern das noch unreife Getreide vor dem Verfaulen zu bewahren, trocknete man es in Backöfen oder über einem Holzfeuer. Nichts anderes ist das sogenannte Darren, und daran hat sich bis heute nichts geändert. Handdarren, wie sie heute noch in Betrieb sind, gibt es seit etwa 150 Jahren. Sie werden nur noch von ganz wenigen Bauern benutzt.

Alte Handdarren haben Ähnlichkeit mit einer Gartenlaube. Sie sind oft in den Hang gebaut und haben zwei Ebenen. Im unteren gemauerten Fundament befindet sich die Feuerstelle, darüber liegt der Raum mit der Pfanne, die aus perforiertem Eisenblech besteht. Ihre Abmessung beträgt etwa zwei mal vier Meter. Sie ruht auf einem gemauerten Sockel in der Mitte des Raumes und fasst etwa 150 kg Darrgut. Direkt darunter brennt ein offenes Holzfeuer, das durch ein Feuerloch in der hangabgewandten Seite des Fundamentes geschürt wird.

Der Rauch und die Hitze des Feuers strömen durch die Löcher der Pfanne. Damit der Rauch rundherum abziehen kann, ist das Dach auf Holzpfosten und Gitterstäben gebaut. Der frisch geerntete Dinkel kommt mit den Spelzen auf die Pfanne und muss nun etwa drei bis vier Stunden lang ständig gewendet werden. Die Schaufeln, die man dazu benutzt, haben Ähnlichkeit mit

einem Schneeschieber. Meist sind es alte Familienerbstücke mit langer Tradition.
Auch das Feuerschüren ist eine richtige Kunst, da die Temperatur stets zwischen 120 °C und 150 °C liegen muss. Bei dieser Hitze verlieren die unreifen Körner an Feuchtigkeit, und das Eiweiß verkleistert; das Korn wird glasig und hart. Die Spelzen bewahren die Dinkelkörner auf der Darre vor dem Anbrennen. Trotz der hohen Temperatur kann man jederzeit in das Darrgut hineingreifen. Die Vesen fühlen sich angenehm warm an. Für die Qualität des Grünkerns ist es wichtig, dass nur Hartholz, d. h. Eichen-, Buchen- oder Obstbaumholz verfeuert wird.
Gegen Ende der Darrzeit wird mit der Hand geprüft, ob die Spelzen »stechen«. Auch eine Geschmacksprobe hilft festzustellen, ob der Grünkern gar ist. Er kommt dann von der Darre, muss auskühlen und wird anschließend – wie der Dinkel – durch eine Gerbmühle und durch Reinigungsanlagen geschickt.
Fertiger Grünkern hat etwa ein Drittel seines ursprünglichen Gewichts verloren. Der Wassergehalt ist während des Darrens von ungefähr 50 % auf 15 % gesunken. Nun sind die Körner lagerfähig und verderben nicht mehr.

1 Schürgang mit Holzfeuer
2 Freiraum unter der Darre
3 Sockel für das Darrblech
4 Darrblech
5 Türchen zur Temperaturregelung

Schematischer Aufbau einer Grünkerndarre

... und moderne Großanlagen

Vor etwa 60 Jahren begann man, sich Gedanken über die maschinelle Grünkernerzeugung zu machen. Inzwischen gibt es eine Vielzahl maschineller Grünkerndarren unterschiedlichster Bauart. Vom Prinzip her lassen sich moderne Geräte in Flach- und Hochbehälter einteilen. Die folgenden, stark vereinfachten Schemazeichnungen veranschaulichen die unterschiedliche Arbeitsweise dieser Anlagentypen.
Die jeweiligen Hersteller haben die technischen Probleme im Detail auf unterschiedliche Art und Weise gelöst.

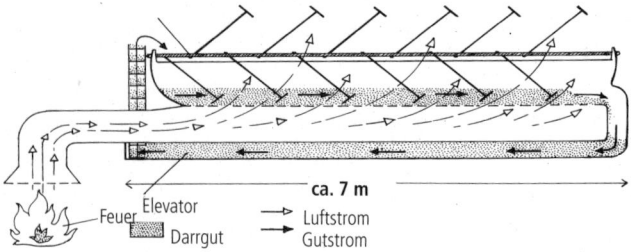

Muldentrockner

In den Flachbehältern wird das Darrgut durch ein Rührwerk in einer Wanne von einem Ende zum anderen befördert. Der Boden der Wanne ist perforiert, sodass ein Gebläse erhitzte Luft durch das Getreide blasen kann. Am Ende der Wanne gelangt das Darrgut in eine Transportvorrichtung, die es wieder zum Ausgangspunkt befördert. So wird das Getreide – ebenso wie auf der Handdarre – ständig bewegt.

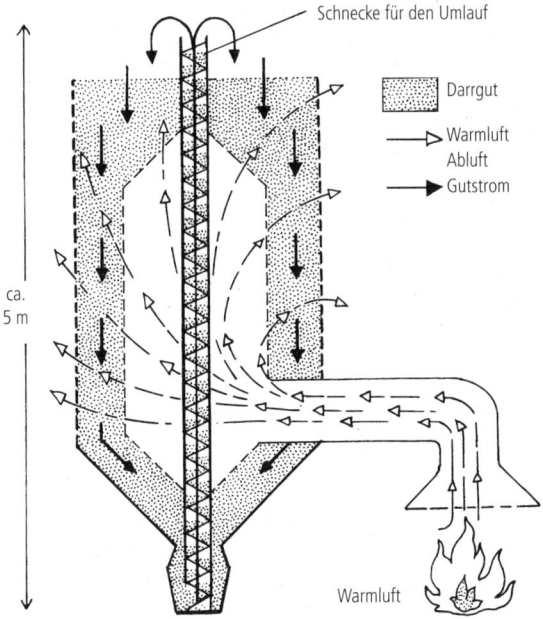

Zentralrohrtrockner

Es gibt eine andere Möglichkeit, das Darrgut ständig in Bewegung zu halten. In siloartigen Hochbehältern rieselt es langsam durch ein ausgeklügeltes System von Schächten nach unten und wird durch Hebevorrichtungen wieder nach oben befördert. Erhitzte Luft wird gleichmäßig im Behälter verteilt. Verschiedene Hersteller haben dafür unterschiedliche Lösungen gefunden. Um das Prinzip zu veranschaulichen, ist hier eine grobe Skizze der Arbeitsweise eines Zentralrohrtrockners eingefügt. Bei diesem Modell ist sowohl die Außenwand als auch die Wand der Innenkammer perforiert, sodass die Luft hindurchströmen

kann. Die Anlagen fassen, je nach Typ, 8 – 15 dz und haben dementsprechend eine Trocknungszeit zwischen drei und acht Stunden.
Da der Rauch des Holzfeuers für die Aromabildung unerlässlich ist, heizt man auch heute noch traditionell mit Hartholz.
In großen Anlagen mit erhöhter Kapazität ist das mühselige Schaufeln an der Handdarre überflüssig geworden. Aber immer noch muss der Bauer den richtigen Erntezeitpunkt festlegen, die Temperatur richtig steuern und durch Fühlen und Schmecken entscheiden, wann der Grünkern »von der Darre muss«. Hier wird die Technik den Mensch in absehbarer Zeit wohl nicht ersetzen können. Obwohl die Grünkernerzeugung heute in weiten Teilen in modernen Anlagen abläuft, wird der Terminplan noch immer von der Natur vorgegeben, und die Güte des erzeugten Grünkerns hängt noch immer entscheidend von der jeweiligen Erfahrung des Bauern ab.

Die Qualität zählt

Die Qualitätsbestimmung von Grünkern ist eine äußerst komplizierte Angelegenheit, da seine Güte von vielen Faktoren abhängt. Zur Festlegung der Qualitätsklassen und somit auch des Preises gibt es die sogenannte »Grünkernbonitierung«, das heißt eine Qualitätsbegutachtung. Sie wird von der *Vereinigung fränkischer Grünkern-Erzeuger Boxberg e. V.* durchgeführt, die eigens dazu unabhängige Boniteure anstellt. Deren Beurteilung ist für die Bauern, die ihren Grünkern über diese Vereinigung vermarkten, verbindlich.
Für die Einteilung des Grünkerns in Qualitätsstufen ist die Anzahl der enthaltenen grünen Körner ausschlaggebend. Der Ausstich mit 90 % ist die Spitzensorte, die nur von etwa 10 % einer Ernte erreicht wird. Die Sorten I, II und III enthalten je

80, 70 und 60 % grüne Körner. Alles, was darunter liegt, kommt nicht mehr als Grünkern in den Handel. Um größere Mengen möglichst gleichmäßiger Ware zu erhalten, werden die einzelnen Sorten vermischt.

Einkaufstipps

Die aufwendige Produktion von Dinkel und Grünkern macht die relativ hohen Preise für dieses Getreide verständlich. Am günstigsten ist es, direkt auf dem Bauernhof einzukaufen. Wer nicht das Glück hat, einen Dinkelbauern in der Nähe zu haben, kann getrost auch in den Supermarkt gehen und wird dort meist fündig. Das Angebot hat sich erfreulich erweitert, seit dieses Buch erstmals erschienen ist. Auch Menschen, die Wert auf ökologisch angebaute Lebensmittel legen, müssen heute nicht mehr lange suchen. Ein Wermutstropfen ist die sehr unübersichtliche und manchmal auch irreführende Kennzeichnung von »Bioprodukten«. Hilfreich kann da ein Ausflug ins Internet sein. Studieren Sie insbesondere die Veröffentlichungen der Verbraucherzentralen zum Thema »Lebensmittelkennzeichnung«. Auch das Bundesministerium für Ernährung, Landwirtschaft und Verbraucherschutz ist eine seriöse Quelle.

Bei Grünkern sollten Sie unbedingt auf die Qualität achten. Hin und wieder taucht Grünkern auf, der diesen Namen nicht verdient hat. Viel zu große, gelbbraune Körner lassen erkennen, dass der Dinkel bei der Ernte schon zu reif war und deshalb auch durch noch so intensives Darren nicht mehr zu Grünkern werden konnte.

Hier zwei Faustregeln für die Beurteilung:

1. Die Körner müssen einen unverkennbaren olivgrünen Schimmer aufweisen.
2. Die Körner müssen deutlich kleiner sein als die des Dinkels. Klar, denn ihnen wurde während des Darrens Flüssigkeit entzogen. Größenunterschiede können auch durch die Verwendung verschiedener Dinkelsorten auftreten. Besonders kleine Körner weisen auf die ursprüngliche Sorte »Bauländer Spelz« hin, die

von den »Erfindern« des Grünkerns im Bauland noch immer bevorzugt wird.
Am besten ist es, ganze Körner zu kaufen und diese selbst zu mahlen. Fertig abgepackte, gemahlene oder geschrotete Produkte sowie Flocken sollte man meiden, da Dinkel durch die Lagerung im gemahlenen Zustand Vitamine und andere Vitalstoffe verliert. Gemahlener Grünkern büßt seinen würzigen Geschmack sehr schnell ein. Außerdem werden für Grünkernmehl oder -grieß meist mindere Sorten verwendet. Ganze Körner halten monate-, ja sogar jahrelang. Wer keine eigene Mühle hat, kann das Getreide im Naturkostladen frisch mahlen lassen.
Die Qualität von Getreide wird durch die Reinigung beeinflusst. Dinkel und Grünkern können mit Flughafer, Samen von Klettenlabkraut, Wicken und Platterbsen und mit Knospen von Kamille verunreinigt sein. Schlecht gereinigter Dinkel enthält außerdem noch bespelzte Körner und kleine Steinchen, die in Haushaltsmühlen großen Schaden anrichten können. Das berüchtigte Mutterkorn kommt im Dinkel zum Glück kaum vor. Obwohl bei all diesen Verunreinigungen außer Mutterkorn keine Vergiftungsgefahr besteht, wirken sie doch störend. Beim Kauf von besonders günstiger Ware, die oft schlecht gereinigt ist, sollte man sich darüber im Klaren sein, dass die Körner mühsam von Hand verlesen werden müssen.

Kochen mit Dinkel und Grünkern

Dort, wo Dinkel früher angebaut wurde, hat man ihn wie Weizen verwendet. Man hat Brot daraus gebacken und auch die berühmten schwäbischen Spätzle wurden oft aus Dinkel hergestellt. Besondere Spezialitäten, die früher nur aus Dinkel gebacken wurden, sind »Knauzenwecken« und »Seelen«. Der Geschmack des Dinkels lässt sich nur schwer beschreiben. Manche halten ihn für kräftig und nussig, andere rühmen sein feines Aroma. Am besten probiert man ihn einfach selbst; dann wird man schnell feststellen, dass er anders schmeckt als Weizen und somit eine interessante Abwechslung darstellt.
In der Küche lässt sich Dinkel vielfältig einsetzen. Mit Dinkelmehl gebundene Suppen und Saucen werden besonders sämig, die weich gekochten Körner sind eine gute Beilage, und zum Backen eignet sich Dinkel hervorragend.
Zu den Inhaltsstoffen von Dinkel und Grünkern gibt es zwar einige Untersuchungen, die jedoch offensichtlich unter verschiedenen Voraussetzungen durchgeführt wurden. Auch zwischen den einzelnen Sorten bestehen ziemliche Unterschiede. Deshalb sind die Werte uneinheitlich und nur schwer zu vergleichen. Erwiesen ist jedoch, dass Dinkel einen hohen Gehalt an Eiweiß und Kohlenhydraten hat. Wertvoll sind auch die Mineralien und Spurenelemente des Dinkelkorns, vor allem Kalium, Magnesium und Eisen. In Bezug auf den Vitamingehalt lässt sich Dinkel durchaus mit dem als besonders vitaminreich geltenden Hafer vergleichen. Am besten nutzt man diese natürliche Quelle, indem man Dinkel oft roh als Müsli isst. Allerdings eignet sich rohes Getreide nicht für Kinder unter zwei Jahren. Es löst im

noch nicht voll entwickelten Verdauungstrakt Reaktionen aus, die sich zuerst durch Durchfälle bemerkbar machen und gefährliche Ausmaße annehmen können.
Es gibt Menschen, die auf Weizen allergisch reagieren, aber Dinkel vertragen. Dann ist dieser eine wunderbare Alternative. Bevor Sie jedoch in solchen Fällen zu »Selbstversuchen« schreiten, sollten Sie ärztlichen Rat einholen. Ungeeignet ist Dinkel für eine Ernährung bei Zöliakie/Sprue. Grünkern enthält ähnliche Inhaltsstoffe wie Dinkel, bis auf die Vitamine, die leider beim Darren verloren gehen. Ein Vorteil gegenüber dem reifen Getreide ist jedoch, dass der Stärkeanteil noch in Form von Zuckerverbindungen des milchreifen Korns vorliegt. Dadurch ist Grünkern leichter verdaulich. Durch den Darrprozess werden auch die Mineralien in Verbindungen überführt, die der menschliche Organismus besonders leicht aufnehmen kann.
In der Küche verwendet man Grünkern etwas anders als Dinkel. Zum Backen eignet er sich nur bedingt, da ihm der Kleber fehlt. Im traditionellen Grünkerngebiet bereitete man schon immer Grünkernküchlein zu – eine Art Frikadelle, die dort allerdings mit Speck und Dörrfleisch verzehrt wird. Grünkernsuppen gab es im Bauland schon lange bevor der Suppenwürfel erfunden wurde, und Grünkernklöße sind eine alte Spezialität.
In der modernen Vollwertküche werden Gemüsegerichte mit ganzen Grünkernkörnern immer beliebter. Wer auf vegetarische Ernährung umstellt, wird dank des kräftigen Grünkerngeschmacks bald vergessen, dass Fleisch einmal zu den Grundbestandteilen des Speiseplans gehört hat.
Bedenken, dass Grünkern aufgrund seiner Produktionsweise nitrosaminbelastet sein könnte, sind nicht begründet: Untersuchungen haben gezeigt, dass die Werte mit 0,5 ppb an der unteren Nachweisgrenze liegen. Eine Gefahr ist also nicht gegeben.

Zu den Rezepten

Falls nicht anders angegeben, sind die Rezepte für vier Personen berechnet.

Die Kochzeit der ganzen Körner lässt sich durch Einweichen erheblich reduzieren. Das gilt für Dinkel ebenso wie für Grünkern. Das Einweichwasser wird dabei mitverwendet, da sich darin wichtige Inhaltsstoffe lösen. Man sollte die Körner vor dem Einweichen in einem Sieb kräftig abbrausen. Getreide, das gemahlen werden soll, darf natürlich nicht gewaschen werden, da die Feuchtigkeit die Mühle verkleben würde. Gekochtes Getreide in seiner ganzen Form ist dann gar, wenn die Körner aufplatzen. Danach sind auch die Kochzeiten in diesem Buch berechnet. Da jeweils die kürzesten Zeiten angegeben werden, sind die Körner für manche vielleicht noch etwas zu fest. Dann sollten sie je nach Geschmack einfach etwas länger gekocht werden. Zur Sicherheit nimmt man in diesem Fall etwas mehr Wasser, da die angegebene Wassermenge von den Körnern komplett aufgenommen wird. Da einige Rezepte keine komplette Mahlzeit bilden, stehen am Ende oft Hinweise, womit die Speisen kombiniert werden können.

Die Rezepte in diesem Buch enthalten keine Angaben über die Art der verwendeten Fette und Öle zum Dünsten oder Braten. Hochwertige Margarine, Butter oder native Pflanzenöle können zum Dünsten von Gemüse verwendet werden. Auch zum Fetten von Kuchenblechen und Auflaufformen sind sie gut geeignet. Butter oder unraffiniertes Sonnenblumen- oder Distelöl sollten jedoch in der Bratpfanne besser nicht verwendet werden. Denn bei höheren Temperaturen können gesundheitlich bedenkliche Zersetzungsprodukte entstehen.

Olivenöl kann bis 180 °C problemlos erhitzt werden und auch Rapsöl ist hitzestabiler als andere Pflanzenöle. Zum Dünsten und Kochen sind beide Öle daher besonders gut geeignet.
Zum Braten und Frittieren sollten hingegen ungehärtete Fette, z. B. Kokos- oder Palmkernfett, verwendet werden. Diese Fette sind im Reformhaus und Naturkostladen in Bio-Qualität erhältlich. Fette mit gehärteten Fettanteilen sind dagegen weniger empfehlenswert. Auch speziell für diesen Einsatz entwickelte Pflanzenöle, zum Beispiel »High-Oleic-Sonnenblumenkernöle«, eignen sich dafür gut.

Der besseren Übersichtlichkeit wegen sind die Rezepte mit einem Symbol gekennzeichnet, je nachdem, ob sie Grünkern oder Dinkel enthalten.

Dinkel

Grünkern

Beim Salz und den Gewürzen stellen die Mengenangaben jeweils nur Anhaltspunkte dar. Am besten findet man selbst heraus, was gut schmeckt.
Zu bedenken ist auch, dass manche Würzzutaten, z. B. Sojasauce oder Curry, bereits Salz enthalten. Das Gleiche gilt für manche fertigen Kräutermischungen.
Bei einigen Rezepten können die benötigten Flüssigkeitsmengen von den Angaben abweichen, da verschiedene Haushaltsmühlen unterschiedliches Mehl produzieren. Weiches, flockiges Mehl aus einer Steinmühle saugt mehr Wasser auf als Mehl aus einem Stahlmahlwerk.

Suppen

Die Grünkernsuppe ist ein seit langer Zeit bekanntes Gericht. Früher kochten die Bäuerinnen kräftige, sättigende Eintöpfe mit ganzen Körnern. Bekannt sind auch Suppen, die mit Grünkernmehl oder -grieß gebunden werden. In Form des Suppenwürfels hat der Grünkern praktisch bis in unsere Tage »überlebt«.
Auch mit Dinkel lassen sich gute Körnersuppen kochen und mit Dinkelmehl gebundene Suppen werden besonders sämig.
In diesem Kapitel gibt es Suppen für jede Gelegenheit – feine, zarte Vorsuppen ebenso wie deftige Eintöpfe, die sich schnell zubereiten lassen.

Sauerampfersuppe

40 g Sauerampfer
50 g Grünkern
Fett zum Rösten
800 ml Wasser
Muskat
Meersalz
50 ml süße Sahne

Den Sauerampfer hacken. Grünkern schroten und in Fett anrösten, mit dem Wasser ablöschen und 15 Minuten köcheln lassen. Mit den Gewürzen abschmecken und Sahne unterrühren. Zum Schluss den Sauerampfer dazugeben.

Croûton-Grünkernsuppe

1 Knoblauchzehe
80 g Vollkornbrotwürfel
Fett zum Rösten
70 g Grünkern
800 ml Wasser
2 EL Sojasauce
Sahne

Knoblauch pressen, mit den Brotwürfeln in etwas Fett rösten und zur Seite stellen. Den Grünkern schroten. In einem Topf Fett erhitzen, Schrot kurz darin anrösten, mit Wasser ablöschen und 15 Minuten köcheln lassen. Sojasauce und Sahne dazugeben. Vor dem Servieren die Knoblauchcroûtons über die Suppe streuen.

Grünkerncremesuppe

40 g Grünkern
20 g Dinkel
Fett zum Anschwitzen
800 ml Wasser
4 EL saure Sahne
½ TL Meersalz
½ TL Curry
½ TL Honig

Grünkern und Dinkel fein mahlen, in etwas Fett anschwitzen und mit Wasser ablöschen. Das Ganze aufkochen und 10 Minuten ziehen lassen. Saure Sahne unterrühren und mit Meersalz, Curry und Honig abschmecken.

Grünkern-Käse-Suppe

50 g Grünkern
Fett zum Anschwitzen
800 ml Wasser
100 g Appenzeller
1 Prise Pfeffer
½ TL Meersalz

Grünkern fein mahlen und in etwas Fett leicht anschwitzen. Mit Wasser ablöschen, aufkochen und 10 Minuten auf kleiner Flamme quellen lassen. Den Käse fein reiben, in die Suppe einstreuen und bei schwacher Hitze schmelzen. Die Suppe sollte nicht mehr stark aufkochen, da der Käse sonst gerinnen kann. Mit Pfeffer und Meersalz abschmecken.

Grießnockerln aus Grünkern

rohe Gemüsereste nach Wahl
1 l Wasser
1 Prise Meersalz
Sojasauce
(oder 1 l Instant-Gemüsebrühe)
80 g Grünkern
20 g Dinkel
2 Eier
50 g Butter
1 Bund frische Gartenkräuter

Gemüsereste im Wasser 45 Minuten kochen lassen. Das Gemüse abseihen und die Brühe mit Sojasauce und Meersalz würzen. (Wenn es schnell gehen soll, kann auch eine Instant-Gemüsebrühe bereitet werden.)
Den Grünkern schroten und den Dinkel fein mahlen. Die Eier trennen und das Eigelb mit der Butter verrühren. Eiweiß zu Schnee schlagen und zusammen mit Dinkel und Grünkern unter die Buttermasse ziehen. Das Ganze leicht salzen. Die Gemüsebrühe zum Kochen bringen, mit einem Teelöffel Klößchen abstechen und zur Probe zunächst einen Kloß ins kochende Wasser geben – wenn er zerfällt, fehlt dem Teig noch etwas Dinkelmehl. Dann alle Klöße ins Wasser geben und die Nockerln insgesamt 5 Minuten ziehen lassen. Währenddessen Kräuter waschen und hacken und über die fertige Suppe streuen.

Grünkern-Hafer-Suppe

20 g Grünkern
40 g Hafer
Fett zum Rösten
800 ml Wasser
1 Prise Meersalz
1 Prise Pfeffer
1 Bund Petersilie zum Bestreuen

Grünkern und Hafer schroten und in heißem Fett goldbraun rösten. Mit Wasser ablöschen, aufkochen und 10 Minuten ziehen lassen. Mit Meersalz und Pfeffer abschmecken. Die Petersilie hacken und beim Anrichten die Suppe damit bestreuen.

Tomatensuppe

20 g Dinkel
30 g Roggen
Fett zum Anschwitzen
700 ml Wasser
4 Tomaten
1 Prise Meersalz
2 TL Kräuter der Provence
1 TL Zitronensaft

Das Getreide fein mahlen. In einem Topf Fett erhitzen, das Mehl anschwitzen, ablöschen und unter Rühren aufkochen. Kurz ziehen lassen. Die Tomaten mit heißem Wasser überbrühen, alle grünen Teile entfernen, enthäuten und klein schneiden. In die Suppe geben und noch einmal 5 Minuten köcheln lassen. Mit Meersalz, Kräutern und Zitronensaft abschmecken.

Klare Flockensuppe

50 g Grünkern
100 g Tofu
Saft einer Zitrone
1 Bund Sauerampfer
Fett zum Anschwitzen
800 ml Wasser
1 Prise Meersalz

Den Grünkern in ein Sieb geben, abbrausen, über Nacht stehen lassen und dann durch die Flockenquetsche geben. Tofu in Würfel schneiden und mit Zitronensaft beträufeln. Sauerampfer fein hacken. Die Grünkernflocken in Fett anschwitzen und mit Wasser ablöschen. Kurz und kräftig aufkochen und 5 Minuten köcheln lassen. Sauerampfer, Tofu und Meersalz hinzufügen. Sofort servieren.

❍ **Tipp:** Grünkernflocken behalten in der Suppe ihre Form und werden nicht sämig. Die Brühe bleibt klar.
Wenn man die Flocken durch Schrot ersetzen will, sollte man den Grünkern vor dem Schroten nicht anfeuchten.

Spargelcremesuppe

100 g Spargel
1 TL Butter
700 ml Wasser
60 g Dinkel
1 EL Zitronensaft
1 Prise Meersalz
¼ TL Muskat
3 EL süße Sahne

Spargel waschen, schälen, in kleine Stücke schneiden und 20 Minuten zusammen mit der Butter im Wasser kochen. Dinkel fein mahlen und mit etwa einer halben Tasse Wasser anrühren. Spargelbrühe kräftig aufkochen und das Mehl einrühren, bis es dickt. Mit Zitronensaft, Meersalz und Muskat würzen und mit Sahne sämig rühren.

Kohlrabisuppe

60 g Dinkel
Fett zum Anschwitzen
800 ml Wasser
1 Prise Meersalz
80 g Kohlrabi
1 Bund Petersilie

Den Dinkel fein mahlen und in Fett anschwitzen. Mit Wasser ablöschen, aufkochen, 10 Minuten köcheln lassen und salzen. Kohlrabi reiben und Petersilie hacken. Beides in die Suppe rühren und sofort servieren.

Grünkern-Gemüse-Eintopf

200 g Grünkern
1,2 l Wasser
500 g Kohlrabi
400 g Brechbohnen
1 Zwiebel
400 g Möhren
1 Stange Lauch
1 Bund Sellerieblätter
2 EL Sojasauce
4 Scheiben Vollkorntoast
200 g Gouda

Grünkern über Nacht im Wasser einweichen. Das Gemüse putzen und klein schneiden, Selleriegrün und Lauch je nach Geschmack schneiden oder fein hacken. Zusammen mit dem Grünkern im Einweichwasser aufsetzen und 20 Minuten bei schwacher Hitze garen. Mit Sojasauce würzen.
Das Brot toasten und den Käse reiben. Die Suppe in eine Auflaufform füllen, mit dem getoasteten Brot bedecken und mit Käse bestreuen. Bei 200 °C im Backofen überbacken, bis der Käse schmilzt.
In feuerfesten Tassen kann die Suppe auch gleich portionsweise überbacken werden.

Schnitzensuppe

Schnitzensuppe ist ein sehr altes Gericht. Im Originalrezept meiner Großmutter wird ein Stück Dörrfleisch mitgekocht. Die vegetarische Variante mit Grünkern ist aber viel besser!

100 g Grünkern
100 g getrocknete Apfelschnitze
50 g Rosinen
50 g Dörrpflaumen
1 l Wasser
1 Prise Meersalz
1 TL Zimt
½ TL Agar-Agar

Grünkern über Nacht einweichen. Trockenobst und Grünkern abspülen und zusammen im Wasser 20 Minuten garen. Mit Meersalz und Zimt abschmecken. Agar-Agar unterrühren und noch einmal aufkochen. Etwa 5 Minuten stehen lassen, bis das Agar-Agar etwas dickt.
Diese Suppe schmeckt warm als sättigendes Hauptgericht, aber auch als Kaltschale.

Salate

In den letzten Jahren wurden bunte Salate mit ganzem, gekochtem Getreide immer beliebter. Im Bauland, der Heimat des Grünkerns, gehören Salate aus ganzen Grünkernkörnern zu den traditionellen Speisen.
Mit den passenden Zutaten kombiniert, schmecken Dinkelsalate eher mild, während Grünkernsalate eine ausgesprochen kräftige Note haben. Hier gibt es nahezu unzählige Variationsmöglichkeiten.
Oft wird empfohlen, die Körner einige Zeit in der Salatsauce ziehen zu lassen, was bei Dinkel auch sinnvoll erscheint, weil er hierdurch an Würze gewinnt. Beim Grünkern allerdings überdeckt der Geschmack der meist säuerlichen Sauce schnell den typischen Grünkerngeschmack, auf den es ja gerade ankommt. Aus diesem Grund sollten Grünkernsalate erst kurz vor dem Servieren angemacht werden. Auch Zutaten wie Käse, Tomaten oder rohe Champignons sollten erst kurz vor dem Essen unter den Salat gemischt werden.

Kartoffelsalat

150 g Grünkern
250 ml Wasser
1 kg Kartoffeln
1 Bund Schnittlauch
5 EL saure Sahne
5 EL Joghurt
1 EL Zitronensaft
1 EL Sojasauce
1 Prise Meersalz
2 TL Curry
evtl. 1 Zwiebel, gehackt

Grünkern abbrausen und über Nacht im Wasser einweichen. Kartoffeln waschen und mit der Schale 30 Minuten kochen, Grünkern 20 Minuten im Einweichwasser kochen. Kartoffeln schälen und in Scheiben schneiden. Schnittlauch hacken und mit den übrigen Zutaten zu einer Sauce verrühren. Sobald der Grünkern und die Kartoffeln ausgekühlt sind, werden alle Zutaten miteinander vermischt.
Wer möchte, kann auch noch eine gehackte Zwiebel dazugeben.

❍ **Tipp:** Dieser Kartoffelsalat ergibt z. B. zusammen mit Bratlingen eine Hauptmahlzeit.

Obstsalat

140 g Dinkel
200 ml Wasser
150 g Erdbeeren
150 g Bananen
3 EL Zitronensaft
2 TL Honig
1 Prise Meersalz

Dinkel abbrausen und über Nacht im Wasser einweichen. Die Körner 45 Minuten im Einweichwasser garen und abkühlen lassen. Erdbeeren waschen und putzen, Bananen schälen und klein schneiden. Aus Zitronensaft, Honig und Meersalz eine Sauce bereiten, Dinkel und Obst mischen und mit der Sauce übergießen.

Grünkernsalat mit Käse

200 g Grünkern
400 ml Wasser
1 rote Paprikaschote
1 grüne Paprikaschote
140 g Tilsiter
1 Knoblauchzehe
6 EL Joghurt
2 TL Curry
½ TL scharfer Senf
½ TL Honig

Grünkern über Nacht einweichen und im Einweichwasser 20 Minuten kochen. In dieser Zeit die Paprika entkernen und in kleine Würfel schneiden. Käse ebenfalls würfeln. Knoblauch pressen und mit Joghurt und Gewürzen zu einer Sauce verrühren. Den abgekühlten Grünkern mit den übrigen Zutaten zu einem Salat mischen. Sofort servieren.

❍ **Tipp:** Dazu passen ein Butterbrot oder Kartoffeln mit Bratlingen. Natürlich eignet sich dieser Salat auch für Partys und für das kalte Büfett.

Krautsalat

70 g Grünkern
160 ml Wasser
1 rote Paprikaschote
200 g Weißkohl
2 EL Öl
3 EL Zitronensaft
1 Prise Pfeffer
1 Prise Meersalz

Grünkern über Nacht einweichen und im Einweichwasser 20 Minuten garen. Paprika waschen und putzen, Weißkohl hobeln. Aus Öl, Zitronensaft, Pfeffer und Meersalz eine Sauce herstellen. Grünkern mit Paprika und Kohl mischen und mit der Sauce übergießen.

Milder Dinkelsalat

140 g Dinkel
200 ml Wasser
200 g Champignons
100 g Mozzarella
1 Bund Petersilie
3 EL saure Sahne
1 Prise Meersalz
1 Prise Pfeffer
½ TL Curry
1 TL Sojasauce

Dinkel über Nacht einweichen und im Einweichwasser 45 Minuten bei kleiner Hitze garen. Champignons kurz abbrausen, putzen und in feine Streifen schneiden. Käse würfeln und Petersilie hacken. Aus Sahne, Gewürzen und Petersilie eine Sauce rühren. Dinkel abkühlen lassen und mit den übrigen Zutaten zu einem Salat mischen. Sofort servieren. Dazu passen z. B. Blumenkohl und Kartoffeln, aber auch Vollkornbrot oder -brötchen.

Grünkern-Tofu-Salat

140 g Grünkern
200 ml Wasser
150 g Tofu
100 g Essiggurken
1 Knoblauchzehe
3 EL Zitronensaft
2 EL Öl
1 Prise Meersalz

Grünkern über Nacht einweichen und im Einweichwasser 20 Minuten garen. Tofu und Essiggurken klein schneiden. Die Knoblauchzehe pressen. Mit Zitronensaft, Öl und Meersalz zu einer Salatsauce verrühren. Den abgekühlten Grünkern mit den übrigen Zutaten mischen.

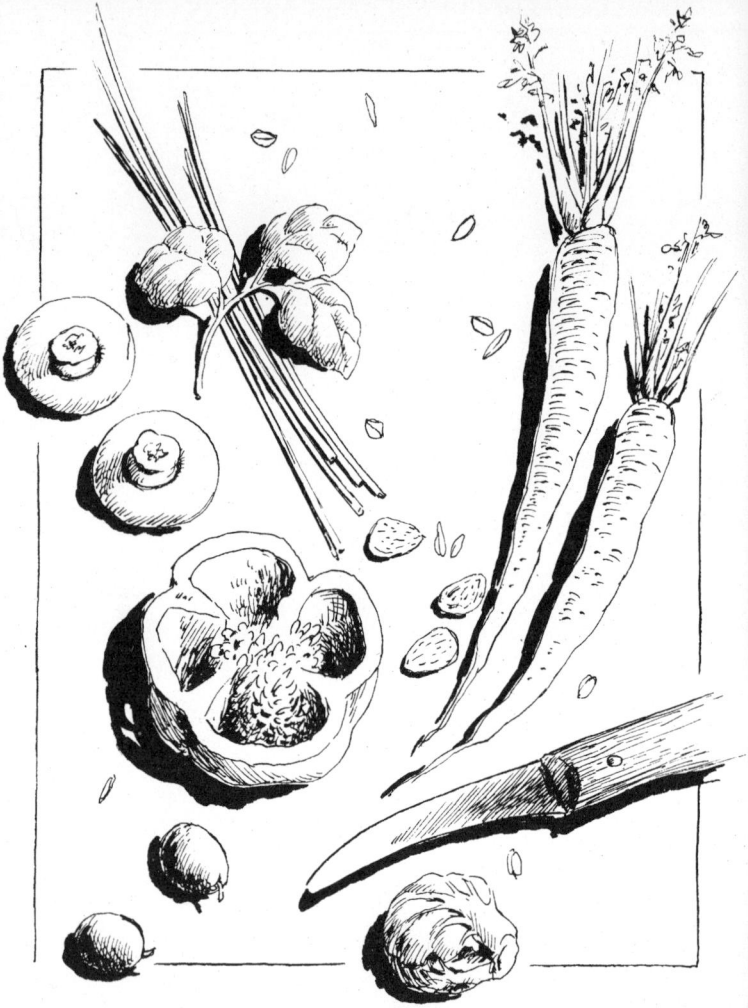

Deftiges

Hier finden Sie eine reiche Auswahl an Hauptgerichten – die Palette reicht von »raffiniert« bis »schnell gemacht«. Gerade aus Grünkern lassen sich in kurzer Zeit deftige Aufläufe zubereiten, sodass das Alltagsessen mit Ihren Lieben zum Festschmaus wird. Eine sehr alte Spezialität sind Grünkernklöße. Den besonderen Dinkelkleber nutzte man in den Anbaugebieten schon immer, um Nudeln ohne Ei herzustellen.
Am Ende des Kapitels steht eine kleine Auswahl von Brotaufstrichen. Während Aufstriche mit Dinkel besonders cremig werden, haben Grünkernaufstriche einen sehr würzigen Geschmack.

Flockenpfanne

300 g Dinkel
500 g Champignons
2 kleine Zwiebeln
Fett zum Anbraten
1 Becher saure Sahne
1 Prise Meersalz
1 TL Honig
2 TL Basilikum

Dinkel in einem Sieb abbrausen, über Nacht stehen lassen und durch die Flockenquetsche geben. Champignons waschen und putzen, Zwiebeln schälen und in Ringe schneiden. Zunächst die Zwiebeln in Fett anbraten. Die Champignons dazugeben und bei starker Hitze unter ständigem Rühren etwa 10 Minuten garen. Flocken hinzufügen und kurz mitrösten. Saure Sahne, Meersalz, Honig und Basilikum untermischen.

❍ **Tipp:** Wenn man die Flocken durch Schrot ersetzen will, sollte man den Grünkern vor dem Schroten nicht anfeuchten.

Gefüllte Champignonköpfe

150 g Dinkel
200 ml Wasser
1 Bund Schnittlauch
1 Prise Meersalz
400 g große Champignons
800 g Tomaten
200 g Edamer

Dinkel grob schroten, mit Wasser aufkochen und 15 Minuten quellen lassen. Schnittlauch hacken und zusammen mit Meersalz untermischen. Champignons waschen. Beim Putzen die Stiele herausdrehen und hacken, die Kappen ganz lassen. Die gehackten Stiele unter den Dinkelbrei mischen. Tomaten mit kochendem Wasser überbrühen, abziehen, klein schneiden und in einer Auflaufform verteilen. Die Dinkelmasse in die Pilzköpfe füllen und auf die Tomaten setzen. Den Auflauf bei 200 °C mit geschlossenem Deckel 30 Minuten backen. Käse reiben, darüberstreuen und das Gericht noch 5 Minuten ohne Deckel weiterbacken.

❍ **Tipp:** Zu festlichen Anlässen kann man pro Person einen Pilzkopf – auf einem Dessertteller schön angerichtet – als Vorspeise reichen.

Kohlrabiauflauf

1 kg Kohlrabi
400 g Grünkern
800 ml Wasser
2 TL Curry
400 g Edamer
Fett für die Auflaufform

Kohlrabi putzen, klein schneiden und in wenig Wasser 20 Minuten dämpfen. Grünkern grob schroten und im Wasser aufkochen. Das Ganze 15 Minuten quellen lassen und dann mit Curry würzen. Den Käse reiben. Grünkern und Kohlrabi in eine gefettete Auflaufform schichten und mit Käse bestreuen. Bei 200 °C 5 Minuten überbacken.

Gefüllte Gemüsezwiebeln

200 g Grünkern
400 ml Wasser
1 Prise Meersalz
2 EL Sojasauce
2 TL Curry
2 TL Paprikapulver
½ TL Muskat
4 Gemüsezwiebeln
700 g Tomaten
Fett für den Bratentopf
2 EL süße Sahne
2 TL italienische Kräuter

Grünkern grob schroten, im Wasser aufkochen, würzen und 15 Minuten quellen lassen. Gemüsezwiebeln schälen und aushöhlen, sodass noch zwei Schichten stehen bleiben, und das Innere hacken. Die Tomaten mit heißem Wasser überbrühen und abziehen. Die Hälfte der gehackten Zwiebeln unter die Grünkernmasse mischen und die Zwiebeln damit füllen. In einen gefetteten Bratentopf setzen und die Tomaten sowie die übrigen Zwiebelwürfel hinzufügen. Stark ankochen und die Temperatur etwas drosseln, sobald eine Dampffahne erscheint. 40 Minuten bei schwacher Hitze dämpfen. Zwiebeln herausnehmen und die Sauce mit Sahne und Kräutern abrunden.

❍ **Tipp:** Dazu passen z. B. Spätzle und Reis.

❍ **Tipp:** Werden die Zwiebeln nur 25 – 30 Minuten gegart, sind sie noch knackig.

Zwiebelpizza

Diese Pizza macht ganz wenig Mühe.

400 g Dinkel
380 g Joghurt
1 Würfel Hefe
1 Prise Meersalz
600 g Tomaten
500 g Zwiebeln
350 g Gouda
Fett für das Blech
200 g Oliven

Dinkel fein mahlen und mit Joghurt, Hefe und Meersalz zu einem festen Teig kneten, der sich von den Händen löst. Mit einem Tuch bedeckt 30 Minuten gehen lassen. Tomaten waschen, alle grünen Teile entfernen und klein schneiden. Zwiebeln schälen, in Ringe schneiden und in wenig Wasser 10 Minuten dämpfen; Wasser abschütten. Den Käse raspeln. Den Teig auf einem gefetteten Blech dünn ausrollen, nochmals gehen lassen und bei 200 °C 15 Minuten vorbacken. Mit Tomaten, Zwiebeln, Käse und Oliven belegen und 10 Minuten fertig backen.

Brokkolitorte

Das Rezept reicht für eine große Springform.

750 g Brokkoli
300 g Grünkern
375 ml Wasser
120 g Butter
6 Eier
1 Prise Meersalz
Fett für die Form
250 g Emmentaler
80 ml süße Sahne
2 TL Curry
1 Prise Muskat

Brokkoli waschen, putzen, klein schneiden und in etwas Wasser 10 Minuten dämpfen. Den Grünkern grob mahlen. Wasser aufkochen, Schrot hineinstreuen, das Ganze verrühren und ohne Hitze quellen lassen. Butter und Eier schaumig rühren, den gequollenen Grünkern unterarbeiten und das Ganze salzen. Eine Form fetten und den Teig darin verteilen. Bei 200 °C 20 Minuten backen. Währenddessen den Käse reiben und mit Sahne und Gewürzen mischen. Brokkoli und Käsemasse auf dem vorgebackenen Teig verteilen und noch 10 Minuten bei 150 °C weiterbacken. Heiß servieren.

Rosenkohl auf Grünkern

Das Rezept reicht für eine große Springform.
300 g Grünkern
Wasser zum Einweichen
750 g Rosenkohl
190 ml Milch
½ TL Meersalz
1 Prise Muskat
1 TL Curry
120 g Butter
4 Eier
Fett für das Blech
250 g Appenzeller
1 Ei
50 ml Milch
1 Prise Muskat
1 TL edelsüßes Paprikapulver
½ TL Meersalz
1 Prise Pfeffer

150 g Grünkern über Nacht mit Wasser bedeckt einweichen. Rosenkohl putzen und 30 Minuten in wenig Wasser dämpfen. Währenddessen den übrigen Grünkern schroten. Milch aufkochen, Grünkern einrühren, Salz, Muskat und Curry hinzufügen und ohne Hitze quellen lassen. Butter und Eier schaumig rühren und gequollenen Grünkern unterarbeiten. Eingeweichten Grünkern abseihen und dazugeben. Eine Form fetten und die Masse darin verteilen. Bei 200 °C 20 Minuten backen. Käse reiben und mit Ei, Milch und Gewürzen mischen. Gedämpften Rosenkohl eventuell klein schneiden. Zuerst den Kohl, dann die Käsemasse auf dem vorgebackenen Teig verteilen und 10 Minuten bei 150 °C weiterbacken. Heiß servieren.

Paprikapizza

Das Rezept reicht für eine große Springform.

für den Teig:

400 g Dinkel
1 Würfel Hefe
100 g Butter
200 ml Milch
1 Prise Meersalz
Fett für die Form

für den Belag:

4 rote Paprikaschoten
1 Apfel
2 kleine Zwiebeln
1 Tasse Wasser
4 TL Kräuter der Provence
2 TL edelsüßes Paprikapulver
2 EL Sojasauce
300 g Gouda

Dinkel fein mahlen. Die Hefe über das Mehl krümeln und mit Butter, Milch und Meersalz zu einem glatten Teig verkneten. Mit einem Tuch bedeckt eine halbe Stunde an einem warmen Ort gehen lassen. In der Zwischenzeit Paprika, Apfel und Zwiebeln putzen, klein schneiden und mit einer Tasse Wasser 20 Minuten dämpfen. Mit Kräutern, Paprika und Sojasauce abschmecken. Den Käse reiben.

Den Hefeteig in einer gefetteten Springform gleichmäßig verteilen. Bei 200 °C 20 Minuten vorbacken. Mit dem Gemüse und dem Käse belegen und 10 Minuten fertig backen.

Strudel mit Brokkoli

400 g Dinkel
4 EL Öl
120 ml Wasser
800 g Brokkoli
2 kleine Zwiebeln
Fett zum Anbraten
400 g Emmentaler
4 Eier
1 Prise Muskat
2 TL Curry
Mehl für das Brett
Fett für das Blech

Dinkel fein mahlen. Mit Öl und Wasser zu einem glatten Teig verkneten und eine halbe Stunde ruhen lassen. Bedingt durch den Feinheitsgrad des Mehls kann die benötigte Wassermenge variieren. Lassen Sie sich Zeit beim Kneten und arbeiten Sie so viel Wasser wie möglich ein, ohne dass der Teig an den Händen klebt. Brokkoli waschen, klein schneiden (Strunk und Blätter möglichst mitverwenden) und in wenig Wasser 10 Minuten dämpfen. Zwiebeln in Ringe schneiden und in Fett goldgelb braten. Den Käse reiben. Brokkoli abschütten und mit Zwiebeln, Käse und dem größten Teil der Eier mischen (etwa ½ Ei zurückbehalten). Mit Muskat und Curry würzen.
Den Strudelteig in zwei Hälften teilen und jede Hälfte auf einem bemehlten Brett so dünn wie möglich mit einem Nudelholz ausrollen. Die Füllung darauf verteilen, dabei die Ränder freilassen. Die beiden Strudel aufrollen, sorgfältig mit Ei verkleben und auf ein gefettetes Blech setzen. Bei 200 °C 30 Minuten backen. Zur Luftbefeuchtung eine Tasse Wasser in den Backofen stellen.

Dinkel-Gemüseallerlei mit Mandeln

500 g Dinkel
1 l Wasser
400 g Möhren
200 g Knollensellerie
400 g Blumenkohl
100 g Mandeln
100 g Gouda
1 EL Sojasauce
1 EL Zitronensaft
3 EL Joghurt
1 TL Honig

Dinkel über Nacht im Wasser einweichen. Mit dem Einweichwasser aufsetzen, stark ankochen und auf kleiner Flamme 30 Minuten garen. Das Gemüse putzen und klein schneiden. Möhren, Sellerie und Blumenkohl der Reihe nach in einen Topf schichten und etwas Wasser dazugießen. Stark ankochen und bei Erscheinen einer Dampffahne noch 25 Minuten auf kleinster Flamme garen.
Mandeln je nach Geschmack fein oder grob hacken. Käse reiben. Sojasauce, Zitronensaft, Joghurt und Honig mischen. Dinkel und Gemüse untereinander rühren, die Joghurtmischung unterheben und in einer Schüssel oder auf einer Platte anrichten. Mit dem Käse und den Mandeln bestreut servieren.

Gefüllte Paprika mit Dinkel

500 g Dinkel
1 l Wasser
4 grüne Paprikaschoten
5 mittelgroße Zwiebeln
4 EL Dinkelvollkornmehl
4 TL Kräuter der Provence
½ TL Meersalz
¼ TL Pfeffer
1 kg Tomaten

Dinkel über Nacht im Wasser einweichen. Im Einweichwasser stark ankochen und auf kleinster Stufe 30 Minuten garen. Paprika aushöhlen, Zwiebeln sehr fein hacken. Dinkelkörner, Dinkelmehl, Gewürze und die Hälfte der Zwiebeln mischen und in die Paprikaschoten füllen. Tomaten zum Enthäuten mit heißem Wasser überbrühen, klein schneiden und mit den übrigen Zwiebeln in eine Auflaufform füllen. Paprika auf diese Masse setzen und mit geschlossenem Deckel 45 Minuten bei 200 °C backen.

❍ **Tipp:** Als Beilage zu diesem kräftigen Gericht eignen sich Bratkartoffeln.

Grünkern-Kohlrouladen

1 mittelgroßer Wirsing (etwa 1 kg)
300 g Grünkern
400 ml Wasser
1 dicke Zwiebel
Fett zum Anbraten
2 Eier
2 TL Curry
½ TL Meersalz
2 TL Kräuter der Provence
½ Zitrone

Den Wirsingstrunk entfernen und die äußeren Blätter ablösen (14 – 16 Stück). Blätter waschen und in wenig Wasser mit dem Rest des Kopfes 10 Minuten kochen.
Grünkern schroten, im Wasser aufkochen und 15 Minuten quellen lassen. Zwiebel in Würfel schneiden und anbraten, Wirsing abtropfen lassen. Die Rippen der ganzen Blätter flachschneiden. Den Rest des Wirsings und die Rippen klein hacken. Mit Zwiebeln, Grünkern und Eiern vermischen und würzen. Blätter ausbreiten, die Füllung gleichmäßig darauf verteilen, einrollen und dicht nebeneinander in eine Form mit Deckel setzen. Den Boden der Form mit Wasser bedecken und auf jede Roulade eine halbe Zitronenscheibe legen. Mit Deckel bei 200 °C 30 Minuten backen.

Dinkel mit Pinienkernen

280 g Dinkel
400 ml Wasser
100 g Lauch
Fett zum Anbraten
120 g Pinienkerne
1 TL Paprikapulver
1 Prise Meersalz
1 Prise Muskat

Dinkel über Nacht im Wasser einweichen und im Einweichwasser 30 Minuten bei schwacher Hitze garen. Lauch in feine Streifen schneiden und in Fett goldgelb rösten. Dinkel, Pinienkerne und die Gewürze dazugeben und kurz in der Pfanne schwenken. Sofort anrichten und servieren.

❍ **Tipp:** Dazu passen gut Gemüsegerichte oder Kartoffeln.

❍ **Variation:** Statt Lauch kann man auch Zwiebeln, statt der Pinienkerne auch gehackte Walnüsse verwenden. Paprika und Muskat können durch Curry und 2 EL Sojasauce ersetzt werden.

Grünkernklöße

250 g Grünkern
800 ml Wasser
2 kleine Zwiebeln
100 g Vollkornbrot
Fett zum Anbraten
1 Bund Petersilie
2 Eier
1 Prise Meersalz

Grünkern grob schroten. Wasser zum Kochen bringen, Grünkern einstreuen und 15 Minuten bei kleinster Flamme quellen lassen. Zwiebeln und Brot hacken und zusammen in Fett rösten. Petersilie hacken. Alle Zutaten mischen und daraus Klöße formen.
In einem großen Topf so viel Wasser erhitzen, dass alle Klöße darin frei schwimmen können. Sobald das Wasser sprudelt, die Klöße vorsichtig hineingleiten lassen und 5 Minuten ohne Deckel kochen. Hitze reduzieren und noch 10 Minuten mit Deckel ziehen lassen. Klöße mit einem Schaumlöffel aus dem Wasser nehmen und anrichten.
Dazu passen gut Gemüse wie Grünkohl oder Wirsing.

❍ **Tipp:** Geben Sie nicht alle Klöße gleichzeitig ins Wasser, sondern warten Sie, ob der erste Kloß auseinanderfällt. Sollte das der Fall sein, kneten Sie Vollkornsemmelbrösel unter den Teig, damit er fester wird.

Brandteigklöße

2 EL Butter
400 ml Milch
300 g Dinkel
8 Eier
1 TL Meersalz
1 Prise Pfeffer
2 TL Kräuter der Provence

Butter und Milch erhitzen. Dinkel fein mahlen und mit einem Kochlöffel in die kochende Flüssigkeit einrühren. Bei schwacher Hitze weiterkochen und rühren, bis sich am Topfboden eine weiße Schicht absetzt. Der Teig muss zäh und fest sein. Die Eier einzeln unter die heiße Masse rühren. Mit Meersalz, Pfeffer und Kräutern abschmecken und abkühlen lassen. Einen großen Topf mit Wasser zum Kochen bringen, mit zwei Löffeln Klößchen von dem Teig abstechen und diese ins Wasser gleiten lassen. Sobald sie hochkommen, die Hitze drosseln und noch 5 Minuten ziehen lassen.
Diese Klöße eignen sich sehr gut als Beilage zu Gemüse.

❍ **Tipp:** Als Einlage für eine Gemüsebrühe zur Vorsuppe reicht die halbe Rezeptmenge.

❍ **Variante:** Wenn man die Klöße statt mit Pfeffer und Kräutern mit einem Löffel Honig und etwas Zimt würzt, passen sie auch sehr gut zu Obst oder Kompott.

Dinkelspätzle

330 g Dinkel
5 Eier
1 Prise Meersalz
eventuell 1 Prise Muskat
1 EL Öl

Dinkel fein mahlen und mit Eiern und Gewürzen zu einem zähflüssigen Teig verrühren. In einem großen Topf reichlich Wasser zum Kochen bringen. Den Teig portionsweise in eine Spätzlepresse füllen und in das sprudelnd kochende Wasser geben. Etwa 3 Minuten kochen lassen, bis die Spätzle oben schwimmen. Das Wasser bei jeder Portion neu aufwallen lassen. Die Spätzle abtropfen lassen, etwas Öl untermischen und anrichten.
Dazu passen gut die verschiedensten Gemüse oder Bratlinge. Besonders lecker sind Spätzle mit Tomatensauce oder mit Käse überbacken.

❍ **Variation:** 50 g des Dinkels durch Grünkern ersetzen.

Bandnudeln ohne Ei

Dinkel hat einen so hervorragenden Kleber, dass man daraus auch Nudeln ohne Ei herstellen kann. Dinkel ähnelt dem Hartweizen, aus dem italienische Teigwaren gemacht werden, die ebenfalls nur aus Grieß und Wasser bestehen. Das Rezept ist sehr einfach.

400 g Dinkel
4 EL Öl
120 ml Wasser
Meersalz
Mehl für das Brett

Dinkel fein mahlen und mit Öl und Wasser zu einem glatten Teig kneten, so viel Wasser wie möglich einarbeiten, ohne dass der Teig an den Händen klebt. Die benötigte Wassermenge kann variieren. Eine halbe Stunde ruhen lassen. Den Teig auf einem bemehlten Brett dünn ausrollen und in Streifen schneiden. In reichlich Wasser mit Meersalz einige Minuten kochen.

❍ **Tipp:** Beim Hineingeben der Nudeln muss das Wasser sprudelnd kochen, sonst lösen sich die Nudeln auf und verkleben.

Absender/in:

.....

.....

.....

.....

.....

Außerdem bei uns im Programm:
Wolf Richard Günzel
Das Insektenhotel
Naturschutz erleben
Bauanleitungen • Tierporträts • Gartentipps
ISBN: 978-3-89566-300-0
überall, wo es Bücher gibt

Bitte ausreichend frankieren!

Antwort

pala-verlag

Postfach 11 11 22

64226 Darmstadt

● Ich habe diese Karte folgendem Buch entnommen:

.....

Anregungen / Meinungen / Kritik:

.....

.....

.....

.....

.....

.....

.....

.....

❍ Schicken Sie mir bitte kostenlos Informationen über Ihr Gesamtprogramm

❍ Schicken Sie mir auch aktuelle Informationen per E-Mail (max. 3- bis 4-mal pro Jahr):

Meine E-Mail-Adresse: .....@ .....

Camembert im Grünkernmantel

40 g Grünkern
1 Ei
4 runde Camemberts
Fett zum Braten

Grünkern mittelgrob schroten und auf einen flachen Teller geben. Das Ei auf einem anderen Teller aufschlagen. Camembert zuerst in Ei und dann in Grünkernschrot wenden. In einer Pfanne Fett erhitzen und die Camemberts darin von beiden Seiten bei kleiner Flamme etwa 5 Minuten braten. Die Pfanne mit einem Deckel verschließen. Der Käse ist gar, wenn er sich leicht aufbläht.
Dazu passen gut Apfelmus oder Preiselbeerkompott und Vollkorntoast oder frische Brötchen.

❍ **Tipp:** Die Rinde des Camemberts muss unversehrt sein, sonst zerfließt der Käse beim Erhitzen. Keine durchgeschnittenen Käse verwenden!

Grünkernauflauf

300 g Grünkern
600 ml Wasser
800 g Blumenkohl
600 g Kartoffeln
200 g Gouda
400 g saure Sahne
2 Eier
1 Prise Muskat
1 TL Honig
3 TL Basilikum
Fett für die Form

Grünkern über Nacht im Wasser einweichen und im Einweichwasser 20 Minuten garen. Blumenkohl putzen und in wenig Wasser 20 Minuten kochen. Kartoffeln ebenfalls garen und pellen. Gouda raspeln und mit Sahne, Eiern und Gewürzen verrühren. Kartoffeln durch eine Presse geben. In eine gefettete Auflaufform zuunterst die Kartoffeln und darauf Grünkern und Blumenkohl schichten. Die Käsemischung darauf verteilen und bei 200 °C 10 Minuten überbacken.

❍ **Tipp:** Dieses Rezept eignet sich gut, um Reste zu verwerten. Kalte Zutaten brauchen aber mindestens 30 Minuten, um durch und durch warm zu werden. Eine Form mit Deckel verwenden und den Käse erst während der letzten 10 Minuten über den Auflauf geben.

Resteauflauf

200 g Grünkern
500 ml Wasser
600 g gekochte Gemüsereste
Fett für die Form
300 g Gouda
1 Ei
2 TL edelsüßes Paprikapulver
1 Prise Muskat

Grünkern über Nacht im Wasser einweichen und im Einweichwasser 20 Minuten garen. Abwechselnd mit den Gemüseresten in eine gefettete Form mit Deckel schichten. Bei 200 °C 30 Minuten wärmen. Währenddessen Käse reiben und mit Ei und Gewürzen mischen. Über dem Auflauf verteilen und ohne Deckel noch 5 Minuten überbacken.

Gefüllte Teigtaschen

300 g Dinkel
3 Eier
2 – 3 EL Wasser
75 g Grünkern
225 ml Wasser
1 mittelgroße Zwiebel
Fett zum Anbraten
1 Prise Pfeffer
1 Prise Meersalz
Mehl für das Brett

Dinkel fein mahlen und mit Eiern und etwas Wasser zu einem festen Teig verkneten. Mit einem feuchten Tuch abdecken und ruhen lassen.
Grünkern schroten, im Wasser aufkochen und 15 Minuten quellen lassen. Zwiebeln fein hacken und goldgelb braten. Mit Pfeffer und Meersalz unter den Grünkern mischen. Den Teig noch einmal durchkneten und auf einem bemehlten Brett so dünn wie möglich ausrollen. In Quadrate schneiden oder mit einem Trinkglas Kreise ausstechen. Ränder mit Wasser anfeuchten, in die Mitte jeweils einen Löffel der Füllung geben und die Kanten gut zusammendrücken. In einem großen Topf Wasser zum Kochen bringen, die Teigtaschen hineingleiten lassen und etwa 10 Minuten bei schwacher Hitze ziehen lassen.
Mit einer pikanten Sauce und einem Salat servieren.

Grünkernaufstrich

85 g Grünkern
150 ml Wasser
60 ml Öl
bei Bedarf ½ TL Meersalz

Grünkern fein mahlen, in einem Topf mit dem Wasser glatt rühren und unter Rühren 15 Minuten auf kleinster Flamme köcheln. Dadurch entsteht ein dicker Brei. Vom Feuer nehmen und das Öl unterarbeiten. Nach Geschmack etwas salzen.
Diese Grünkernpaste ist ein wunderbar würziger Brotaufstrich, der sich gekühlt etwa eine Woche hält. Sollte sich das Öl oben absetzen, einfach immer wieder unterrühren.
Durch verschiedene Gewürze oder die Beimengung anderer Mehlsorten kann man die Paste vielseitig variieren: z. B. die Hälfte des Grünkerns durch Sojamehl ersetzen. Bei dieser Variante braucht man etwas weniger Öl. Durch das Sojamehl entsteht ein ganz neuer, milderer Geschmack. Die Paste wird auch etwas zarter und glatter. Als Gewürze Curry, Kräuter der Provence und bei Bedarf Meersalz zufügen.

Dinkel-Minze-Aufstrich

150 g Dinkel
200 ml Wasser
1 Knoblauchzehe
½ TL Meersalz
eine Handvoll frische Pfefferminzblätter

Den Dinkel schroten, mit dem Wasser aufkochen und 15 Minuten quellen lassen. Ab und zu umrühren. Den Knoblauch schälen, durch die Presse geben und mit dem Salz zusammen gut zerdrücken. Die Pfefferminzblätter sehr fein hacken. Alles unter den Dinkelbrei mischen.

Indischer Grünkernaufstrich

50 g Grünkern
150 ml Wasser
1 TL Kurkuma
1 TL Kreuzkümmel (Cumin)
1 TL gemahlener Koriander
1 Prise Chilipulver
1 Prise Meersalz
2 – 3 EL Sojamehl
50 ml Öl

Den Grünkern fein mahlen und mit dem Wasser glatt rühren. 15 Minuten bei kleinster Hitze zu einem dicken Brei köcheln lassen. Achtung: Gut rühren, der Brei hängt leicht an.
Die Gewürze in einem Schälchen mischen. Zusammen mit dem Sojamehl und dem Öl unter den Grünkernbrei ziehen.

❍ **Tipp:** Dieser Aufstrich hält sich gut gekühlt etwa eine Woche. Sollte sich etwas Öl absetzen, einfach nochmals gut durchrühren!

Bratlinge und Saucen

Im Bauland haben Bratlinge als »Grünkernküchle« Tradition (mit Speck oder Dörrfleisch zubereitet).
Grünkern gibt Bratlingen einen würzigen, unverkennbaren Geschmack. Aber auch mit Dinkel kann man gute Ergebnisse erzielen. Wichtig: Das Getreide ganz grob schroten!
Bratlinge lassen sich mit Gemüse, Kartoffeln oder Nudeln kombinieren.
Durch eine passende Sauce kommen Bratlinge erst richtig zur Geltung. Deshalb finden Sie in diesem Kapitel einige Saucen, die Sie natürlich auch mit anderen Gerichten kombinieren können.

Dinkel-Käse-Bratlinge

ergibt etwa 8 Bratlinge
300 g Dinkel
400 ml Wasser
Sojasauce
200 g Gouda
4 Zwiebeln
Fett zum Anbraten

Dinkel grob schroten, Wasser mit Sojasauce erhitzen. Schrot hineingeben, umrühren, einmal aufkochen lassen und zur Seite stellen. Den Käse sehr fein reiben und die Zwiebeln würfeln. Zwiebeln in Fett leicht bräunen und zusammen mit dem Käse unter den Dinkelbrei kneten. Bratlinge formen und in heißem Fett von jeder Seite etwa 3 Minuten braten.
Dazu passen gut Bratkartoffeln, Kartoffelpüree und alle Sorten Gemüse. Eine Sauce rundet das Gericht ab.

Kichererbsenbratlinge

300 g Kichererbsen
3 l Wasser
100 g Grünkern
200 ml Wasser
Saft einer Zitrone
1 Prise Meersalz
1 Prise Pfeffer
Fett zum Braten

Die Kichererbsen über Nacht in der doppelten Menge Wasser einweichen. Das Einweichwasser abgießen und in 3 l frischem Wasser mindestens 2 Stunden kochen. Die Kichererbsen müssen sehr weich sein. Ein Schnellkochtopf verkürzt die Garzeit auf 1 Stunde. Den Grünkern grob schroten, in 200 ml Wasser aufkochen und 20 Minuten auf kleiner Flamme quellen lassen. Die gegarten Kichererbsen abschütten und mit einem Stampfer zerdrücken. Grünkern, Zitronensaft und Gewürze dazugeben und alles gut verkneten. Acht Bratlinge formen und von beiden Seiten braun braten.

❍ **Tipp:** Dieses Rezept eignet sich auch gut zur Resteverwertung. Statt der Kichererbsen kann man übrig gebliebene Hülsenfrüchte verwenden. Etwas Flüssigkeit macht den Teig geschmeidiger, ein Ei hält ihn besser zusammen. Wenn der Teig zu flüssig sein sollte, kann dem mit Vollkornbröseln oder Haferflocken abgeholfen werden. 600 g gekochte Hülsenfrüchte entsprechen ungefähr 300 g getrockneten Kichererbsen.

Hokkaidobratlinge

1 kg Hokkaidokürbis
250 ml Wasser
200 g Grünkern
1 Bund Petersilie
1 Ei
1 TL Meersalz
2 EL Sojasauce
1 EL Sherry-Essig
1 EL süße Sahne
1 TL Honig
Fett zum Braten

Kürbis aufschneiden, Kerne entfernen und den Kürbis klein schneiden. In einen Topf mit einem Fingerbreit Wasser geben, stark ankochen und ab Erscheinen einer Dampffahne 15 Minuten auf kleinster Stufe weitergaren. Das Wasser in einem Topf erhitzen, den Grünkern grob schroten und in das sprudelnde Wasser einrühren. Auf der ausgeschalteten Platte 20 Minuten quellen lassen. Dabei ab und zu durchrühren. Die Kürbismasse muss so gar sein, dass sie bei Druck zu Mus zerfällt. In diesem Stadium kann man sie gut unter den gequollenen Grünkernbrei mischen. Petersilie fein hacken und alle Zutaten mischen.

In einer großen Pfanne reichlich Fett erhitzen, mit einem großen Esslöffel den Bratlingsteig abstechen und mit einem zweiten in die Pfanne schieben.
Die Kunst bei diesen Bratlingen ist, das Fett so heiß zu halten, dass sich schnell eine Kruste bildet, sie dürfen aber auch nicht verbrennen. Keinesfalls zu früh wenden, da sie sonst zerreißen. Zuerst lassen sich die Bratlinge trotz reichlich Fett nicht in der Pfanne verschieben. Wenn sich die Kruste gebildet hat, kann man sie mit dem Pfannenmesser gut hin und her schieben. Dann ist der richtige Zeitpunkt gekommen, die Bratlinge zu wenden und von der anderen Seite braun zu braten.
Die Bratlinge passen gut zu allen kräftigen Gemüsen und Saucen.

Dinkel-Kartoffel-Küchlein

180 g Dinkel
50 g weiche Butter
500 g gekochte Kartoffeln vom Vortag
20 g Hefe
200 ml lauwarme Milch
2 EL Honig
Anis, gemahlen
Muskatblüte, gemahlen
Zimt
ungehärtetes Pflanzenfett zum Ausbacken

Dinkel fein mahlen, die Butter schaumig rühren und das Mehl unterarbeiten. Kartoffeln fein reiben, Hefe in der Milch auflösen und alles zusammen – mit Honig und den Gewürzen – zu einem glatten Teig verrühren. Diesen zugedeckt an einem warmen Ort 15 Minuten ruhen lassen. Anschließend aus dem Teig flache Küchlein formen und in heißem Öl bei mäßiger Hitze von beiden Seiten langsam ausbacken.

❍ **Tipp:** Die Beilage zu den Dinkel-Kartoffel-Küchlein sollte herb-süß ausfallen. Sehr zu empfehlen sind nicht zu süße Marmeladen aus Hagebutten oder Sanddorn.

Klassische helle Sauce mit Grünkern

30 g Dinkel
50 g Grünkern
Fett zum Anschwitzen
500 ml Wasser
6 EL süße Sahne
½ TL Meersalz
½ TL Honig
1 Prise Muskat

Getreide fein mahlen. Fett in einem Topf erhitzen und das Mehl darin anschwitzen. Wasser unter ständigem Rühren in drei Portionen dazugeben und dabei darauf achten, dass das Mehl jedes Mal andickt. Sahne, Salz, Honig und Muskat dazugeben. Die Sauce passt gut zu feinem Gemüse, etwa zu Erbsen und Möhrchen.

Grünkern-Hirse-Sauce

60 g Grünkern
40 g Hirse
Fett zum Anschwitzen
500 ml Wasser
½ TL Meersalz
1 TL Curry
1 Prise Muskat

Getreide fein mahlen. In Fett anschwitzen und unter ständigem Rühren nach und nach das Wasser dazugeben. Mit den Gewürzen abschmecken.

Greyerzer Käsesauce

60 g Dinkel
200 g Greyerzer
Fett zum Anschwitzen
500 ml Wasser

Dinkel fein mahlen und Käse reiben. In einem Topf Fett erhitzen und das Dinkelmehl kurz anschwitzen. Wasser in drei Portionen unter ständigem Rühren mit dem Schneebesen dazugeben. Jedes Mal aufkochen lassen, damit das Mehl andickt. Zum Schluss den Käse einrühren und schmelzen lassen.

❍ **Tipp:** Der Greyerzer Käse hat zwei Eigenschaften, die für diese Sauce wichtig sind: Er schmilzt zu einer wunderbar cremigen Masse und er ist sehr würzig. Zusammen mit dem feinsäuerlichen Dinkelaroma ergibt sich ein Geschmack, der durch kein zusätzliches Gewürz überdeckt werden sollte. Diese Sauce passt besonders gut zu feinem Gemüse, z. B. zu Spargel oder Blumenkohl.

Basilikumsauce

60 g Dinkel
Fett zum Anschwitzen
500 ml Wasser
1 Bund Basilikum
4 EL Quark
½ TL Meersalz
1 TL Honig

Den Dinkel fein mahlen. Mit Fett, Mehl und Wasser eine Mehlschwitze herstellen. Basilikum hacken. Quark, Meersalz, Honig und das gehackte Basilikum einrühren.

❍ **Tipp:** Basilikum entfaltet seinen typischen Geschmack in dieser Sauce erst durch die Spur Honig.

Tomatensauce

4 Tomaten
60 g Dinkel
Fett zum Anschwitzen
500 ml Wasser
1 Prise Meersalz
1 TL Honig
2 TL Oregano

Tomaten mit kochendem Wasser überbrühen, enthäuten und würfeln. Dinkel fein mahlen, in etwas Fett anschwitzen und das Wasser in drei Portionen dazugeben. Jedes Mal unter Rühren aufkochen, bis das Mehl andickt. Tomaten und Gewürze dazugeben und kurz mitköcheln lassen.

Mehlspeisen und Breie

In diesem Kapitel finden sich etliche Pfannkuchenrezepte. Dinkelpfannkuchen werden besonders knusprig, Grünkernpfannkuchen haben ein sehr kräftiges Aroma. Und natürlich lassen sich Grünkern und Dinkel untereinander oder auch mit anderen Mehlen gut mischen. Besonders locker und luftig werden aus Dinkelmehl bereitete Kaiserschmarren.

Am Ende stehen einige Breirezepte – eine sehr ursprüngliche Art, Getreide zu verzehren. Wegen des hohen Klebergehalts sollte hierfür immer sehr grob geschroteter Dinkel verwendet werden. Für Breie sollte das Getreide stets in Wasser gekocht werden; Milch als Kochflüssigkeit würde das Getreideeiweiß am Ausquellen hindern. Man kann sie später dazugeben.

Dinkelpfannkuchen mit Äpfeln

250 g Dinkel
4 Eier
400 ml Milch
3 EL Honig
2 TL Zimt
1 Prise Meersalz
600 g Äpfel
Fett zum Ausbacken

Dinkel fein mahlen und mit Eiern, Milch, Honig, Zimt und Meersalz zu einem dünnflüssigen Teig verrühren. Etwa 30 bis 60 Minuten quellen lassen. Die Äpfel entkernen, eventuell schälen und klein schneiden und unter den Teig mischen. Den Teig löffelweise in eine Pfanne mit heißem Fett geben und von beiden Seiten knusprig braten. Sofort servieren.

Grünkern-Dinkel-Pfannkuchen

125 g Grünkern
125 g Dinkel
400 ml Milch
3 EL Honig
1 Prise Meersalz
Fett zum Ausbacken

Das Getreide fein mahlen und mit den übrigen Zutaten gut verrühren. Mindestens 30 Minuten, besser 60 Minuten quellen lassen. In einer Pfanne Fett erhitzen und den Teig löffelweise hineingeben. Von beiden Seiten knusprig braten und sofort servieren.
Dazu passt sehr gut Obst oder Kompott.

❍ **Tipp:** Wer es besonders lecker haben möchte, kann zusätzlich Schlagsahne dazu reichen.

❍ **Variation:** Honig weglassen und stattdessen mit Muskat würzen. Diese pikanten Pfannkuchen eignen sich gut als Beilage zu Gemüsegerichten.

Kaiserschmarren

Der traditionelle österreichische Kaiserschmarren lässt sich sehr gut aus Dinkelmehl herstellen.

4 Eier
200 g Dinkel
200 ml Milch
100 g Butter
3 EL Honig
1 Prise Meersalz
Fett für die Form
50 g Rosinen

Die Eier trennen, das Eiweiß zur Seite stellen. Den Dinkel fein mahlen und mit Milch, Butter, Eigelb und Honig zu einem Teig verrühren. Den Teig ganz leicht salzen. Das Eiweiß steif schlagen und langsam und vorsichtig mit einem Schneebesen unterheben. Den Teig sofort in eine flache gefettete Auflaufform füllen und mit Rosinen bestreuen. Bei 180 °C 15 – 20 Minuten backen. Den fertigen Schmarren mit zwei Gabeln aufreißen, damit er ausdampft, und sofort servieren.

❍ **Tipp:** Wählen Sie eine Form, die so groß ist, dass der Teig nicht höher als etwa 3 cm darin steht; andernfalls ist der Schmarren innen noch flüssig, während er außen schon dunkel wird.

Hefeklöße

200 g Dinkel
1 Würfel Hefe
100 ml Milch
100 g Butter
2 Eier
2 EL Honig
1 Prise Meersalz
150 ml Milch
2 EL Vollrohrzucker
evtl. Zimt zum Bestreuen

Den Dinkel fein mahlen und die Hefe in das Mehl krümeln. Mit Milch, Butter, Eiern, Honig und Salz zu einem glatten Teig kneten. Mit einem Tuch bedeckt an einem warmen Ort 30 Minuten gehen lassen. Acht Klöße formen, auf ein Brett setzen und nochmals gehen lassen.
Den Boden eines großen, flachen Bratentopfes mit Milch bedecken und mit Vollrohrzucker süßen. Die Milch zum Kochen bringen und die Klöße nebeneinander hineinsetzen. Mit Deckel auf kleinster Flamme 20 Minuten köcheln lassen.
Den Deckel mit einem saugfähigen Geschirrtuch umwickeln. Beim Garen bildet sich Dampf, der sich am Deckel niederschlägt und als Wasser zurück in den Topf tropft. Das Geschirrtuch saugt den Wasserdampf auf und verhindert, dass die Klöße zusammenfallen.
Die Klöße auf einer Platte anrichten, mit zwei Gabeln kreuzweise aufreißen und eventuell mit Zimt bestreuen. Dazu passt gut Obst oder Vanillesauce.

❍ **Tipp:** Wegen Anbrenngefahr nie alleine garen lassen. Eventuell gegen Ende der Garzeit etwas lauwarme Milch nachfüllen.

Hafergrütze mit Grünkern

1 Stange Lauch
200 g Hafer
100 g Grünkern
Fett zum Anbraten
1 l Wasser
½ TL Meersalz
2 EL Sojasauce
1 TL Curry
2 TL edelsüßes Paprikapulver

Den Lauch waschen und in dünne Querstreifen schneiden. Hafer und Grünkern mittelgrob schroten. Fett in einem Topf erhitzen und den Lauch darin andünsten. Schrot dazugeben und leicht rösten. Mit Wasser ablöschen, aufkochen und 15 Minuten quellen lassen. Mit Salz, Sojasauce, Curry und Paprika abschmecken und sofort servieren.
Dieser Brei passt zu vielen Gemüsesorten. Man kann ihn aber auch als schnelles Hauptgericht ohne Beilagen essen.

❍ **Tipp:** Verwendet man – bei gleicher Wassermenge – von allen anderen Zutaten nur die Hälfte, ergibt das eine gute Suppe.

❍ **Tipp:** Wer Hafer in der eigenen Mühle nicht schroten kann, kann natürlich auch Haferflocken nehmen. Lesen Sie im Zweifelsfall in der Gebrauchsanweisung Ihrer Mühle nach, ob sie für Hafer geeignet ist.

Süßer Dinkelbrei

300 g Dinkel
600 ml Wasser
3 TL Honig
1 Prise Meersalz
3 EL süße Sahne
Zimt nach Geschmack

Den Dinkel grob schroten und das Wasser erhitzen. Dinkelschrot einrühren, aufkochen, mit Honig und Meersalz würzen und etwa 25 Minuten auf kleinster Flamme quellen lassen. Zum Schluss die Sahne untermischen. Eventuell mit Zimt abschmecken.
Zu diesem Brei passen sehr gut alle Obstsorten, frisch oder als Kompott. Für Morgenmenschen, die sofort nach dem Aufstehen schon genug Tatendrang zum Kochen verspüren, eignet sich Dinkelbrei auch als Frühstück.

Müslis

Frischkornmüsli ist die einzige Form, in der man Getreide roh essen kann. Die Körner werden grob geschrotet und über Nacht eingeweicht. Der Schrot quillt auf und lässt sich dann gut kauen. Durch die Feuchtigkeit werden Enzyme aktiviert und chemische Prozesse in Gang gesetzt, die normalerweise den Keimvorgang einleiten. Dadurch wird das Getreide leichter verdaulich, und der Vitamingehalt steigt. Da beim Grünkern durch die frühe Ernte und die Wärmebehandlung die Keimfähigkeit verlorengegangen ist, eignet er sich nicht für Frischkornmüslis – er würde lediglich aufquellen. Dafür schmeckt ausgereifter Dinkel, wenn man ihn schrotet und einweicht, umso besser.

Einem unerwünschten Keimbefall während der Einweichzeit kann man vorbeugen, indem man das Müsli währenddessen in den Kühlschrank stellt. Eine Alternative zum Einweichen in Wasser ist die Verwendung von Sauermilchprodukten, weil die darin enthaltenen Milchsäurebakterien andere Keime am Wachstum hindern. Frische Milch ist nicht geeignet, weil sie für Bakterien einen idealen Nährboden darstellt.

Eine Alternative zum Frischkornbrei sind Flockenmüslis, die am besten mit der eigenen Flockenquetsche frisch hergestellt werden. Hierzu braust man den Grünkern bzw. Dinkel mit Wasser ab und lässt die Körner über Nacht stehen; auf diese Weise zerbröseln die Flocken in der Quetsche nicht. Außer für Müslis eignen sich Flocken z. B. auch sehr gut als Suppeneinlage. Werden öfter Flocken verwendet, lohnt sich sicherlich die Anschaffung einer Flockenquetsche.

Frischkornmüsli

pro Person:
40 g Dinkel
50 ml Wasser
¼ TL Honig
2 EL Joghurt

Dinkel grob schroten, über Nacht im Wasser einweichen und am nächsten Morgen mit Honig und Joghurt verrührt servieren.

Müsli mit Kefir

pro Person:
40 g Dinkel
50 ml Kefir
1 TL Honig

Dinkel abends grob schroten, mit dem Kefir mischen und kühl stellen. Am nächsten Morgen mit Honig süßen.

Apfelmüsli

pro Person:
40 g Dinkel
50 ml Wasser
½ Apfel
¼ TL Honig

Dinkel grob schroten und über Nacht im Wasser einweichen. Am nächsten Morgen den Apfel vom Kerngehäuse befreien und raspeln. Mit dem Dinkelbrei vermischen und mit Honig süßen.

Crunchy Nut

pro Person:
40 g Dinkel
50 ml Wasser
¼ TL Honig
50 g Walnüsse

Dinkel grob schroten und über Nacht im Wasser einweichen. Am nächsten Morgen mit Honig süßen. Die Walnüsse hacken und darüber streuen.

Ayranmüsli

Ayran ist ein sehr erfrischendes Getränk aus der Türkei. Es wird aus Wasser und Joghurt hergestellt und leicht gesalzen. Wer es lieber herzhaft mag, kann das Frischkornmüsli darin einweichen.

pro Person:
40 g Dinkel
2 EL Joghurt
40 ml Wasser
1 Prise Meersalz

Dinkel grob schroten. Joghurt im Wasser gut verrühren und den Dinkelschrot über Nacht darin einweichen. Am nächsten Morgen leicht salzen.

Buttermilchmüsli

pro Person:
40 g Dinkel
50 ml Buttermilch
¼ TL Honig

Dinkel grob schroten und über Nacht in der Buttermilch einweichen. Am nächsten Morgen mit Honig süßen.

»Statt Abführpillen«

Durch den regelmäßigen Verzehr dieses Müslis kann eine chronische Verstopfung beseitigt werden. Es muss allerdings reichlich dazu getrunken werden, da der Leinsamen im Darm quellen soll. Dazu braucht er genügend Flüssigkeit.

40 g Dinkel
50 ml Wasser
1 getrocknete Feige
2 Dörrpflaumen
Einweichwasser
2 EL Leinsamen
4 EL Joghurt

Dinkel grob schroten und über Nacht im Wasser einweichen. Die Feige und die Pflaumen ebenfalls einweichen. Morgens das eingeweichte Dörrobst schneiden, den Leinsamen schroten und alle Zutaten vermischen.

Torten und Kuchen

In diesem Kapitel finden sich vorwiegend Rezepte für die vollwertige Kaffeetafel. Ähnliche Kuchen kann man natürlich statt aus Dinkel auch aus Weizen backen.
Etwas ungewöhnlicher ist sicherlich der Vorschlag, aus dem eher kräftig deftigen Grünkern süße Kuchen zu backen. Wenn Sie das Ausgefallene lieben, lohnt sich ein Versuch bestimmt. Kombiniert mit kräftigen, möglichst säuerlichen Obstsorten kann man auf diese Weise ungeahnte Geschmackserlebnisse erzielen.
Für alle Backrezepte gilt, dass die angegebenen Flüssigkeitsmengen Richtwerte sind. Denn im Gegensatz zum industriell gefertigten Mehl, das stets gleiche Eigenschaften aufweist, können zwischen zwei Dinkellieferungen große Unterschiede bestehen. Sortenunterschiede machen sich bemerkbar, außerdem spielt der Feinheitsgrad des Mehls eine Rolle: Je feiner und flockiger das Mehl ist, desto mehr Flüssigkeit nimmt es auf. Der Bedarf an Milch oder Wasser kann also stark variieren. Daher sollte nie sofort die gesamte Menge hinzugefügt werden, sondern man fängt zunächst mit der Hälfte an und probiert aus, wie der Teig wird. Vielleicht ist im Einzelfall erheblich mehr Flüssigkeit notwendig als angegeben. Am besten probiert man einfach aus und mit etwas Erfahrung wird man die Teigbeschaffenheit schon bald richtig einschätzen können.
Die Beschaffenheit des Mehles hängt stark auch von der Mühle ab. Selbst erfahrene Bäcker(innen) müssen sich manchmal erst an das Mahlprodukt eines anderen Gerätes gewöhnen.

Mohnkuchen

für den Teig:
200 g Dinkel
1 Würfel Hefe
50 g Butter
1 EL Honig
100 ml Milch
1 Prise Meersalz

für den Belag:
150 g Mohn
60 g Grünkern
250 ml Wasser
2 EL Honig
4 EL Rosinen
100 ml süße Sahne
½ TL Zimt
1 Prise Gewürznelken
Fett für die Springform

Den Dinkel fein mahlen. Die Hefe in das Mehl krümeln und mit Butter, Honig, Milch und Meersalz zu einem glatten Teig verkneten. Den Teig in einer mit einem Tuch bedeckten Schüssel eine halbe Stunde gehen lassen.
Mohn und Grünkern fein schroten, im Wasser aufkochen und 15 Minuten quellen lassen. Honig, Rosinen, Sahne und Gewürze unter die abgekühlte Masse mischen. Den Teig in eine gefettete Springform drücken und an den Rändern etwas hochziehen.

Bei 200 °C 15 Minuten vorbacken. Den Teig mit der Mohnmasse bestreichen und weitere 30 Minuten fertig backen. Der Kuchen schmeckt einen Tag nach dem Backen am besten.

❍ **Tipp:** Überzeugen Sie sich vorher, ob Ihre Mühle zum Mahlen von Mohn geeignet ist. Modelle mit Steinmahlwerk beispielsweise werden durch Mohn unbrauchbar! Auf jeden Fall sollten Sie Ihre Mühle nach dem Mahlen von Mohn reinigen.

Mohnstrudel

Der Belag für den Mohnkuchen (siehe Seite 110) eignet sich auch als Füllung für einen Mohnstrudel.

für den Teig:
200 g Dinkel
2 EL Öl
60 ml Wasser
1 Ei
Fett für das Blech

Den Dinkel fein mahlen, mit Öl und Wasser zu einem glatten Teig verkneten und eine halbe Stunde im Kühlschrank ruhen lassen. Bedingt durch den Feinheitsgrad des Mehls kann die benötigte Wassermenge variieren. Lassen Sie sich Zeit beim Kneten und arbeiten Sie so viel Wasser wie möglich ein. Der Teig muss sich noch von den Händen lösen.
Nach dem Ruhen den Teig mit einem Nudelholz so dünn wie möglich ausrollen und auf ein Geschirrtuch legen. Die Füllung darauf verteilen, die Ränder freilassen und diese mit Ei bestreichen. Dann die Ecken an einer der schmalen Seiten des Tuches anfassen und das Tuch langsam anheben. Der Teig rollt sich so fast von selbst zusammen. Das Tuch immer weiter anheben und auf diese Weise den Teig ganz zusammenrollen. Anschließend an den Rändern gut verkleben, mit Hilfe des Tuches auf ein gefettetes Blech gleiten lassen und 30 Minuten bei 200 °C backen. Hierbei eine Tasse Wasser in den Backofen stellen.

Biskuitrolle

175 g Dinkel
5 Eier
3 EL Honig
5 EL heißes Wasser
1 Prise Meersalz
300 ml Sahne
1 Prise gemahlene Bourbon-Vanille
500 g frisches, saftiges Obst nach Wahl
Pergamentpapier für das Blech

Den Dinkel fein mahlen. Ein Kuchenblech mit Pergamentpapier auslegen. Die Eier trennen. Eigelb mit Honig und dem kochenden Wasser schaumig rühren, Eiweiß zu steifem Schnee schlagen. Das Mehl mit dem Salz würzen und vorsichtig auf die gelbe Eiermasse streuen, den Eischnee darauf verteilen und mit einem Schneebesen unterheben. Dabei nie auf den Schüsselrand schlagen, da der Eischnee sonst zusammenfällt. Den Teig auf dem mit Pergamentpapier bedeckten Blech verteilen und sofort bei 200 °C 10 – 15 Minuten backen.
Den Biskuit mit dem Papier nach oben auf ein Tuch legen, das Papier anfeuchten und abziehen. Den Teig in das Tuch einrollen und auskühlen lassen. Sahne mit Vanille steif schlagen. Die erkaltete Rolle aufwickeln, mit Sahne bestreichen und mit dem Obst belegen. Zusammenrollen und mit Obst und Sahne garnieren.

❍ **Achtung:** Küchentücher, die mit stark parfümiertem Waschmittel gewaschen wurden, geben dem Biskuit einen Seifengeschmack.

Grünkern-Krümeltorte

Das Rezept reicht für eine kleine Springform.

250 g Dinkel
125 g Butter
2 EL Honig
1 Prise Meersalz
1 Ei
200 g Grünkern
2 EL Honig
100 g Butter
3 Äpfel
100 g Rosinen
Fett für die Springform
2 EL Vollkornbrösel

Den Dinkel fein mahlen. Mit Butter, Honig, Meersalz und dem Ei in einer Schüssel mit einer großen Gabel unterarbeiten. Den Teig zum Schluss zusammenkneten, zu einem Kloß formen und im Kühlschrank ruhen lassen. Den Grünkern mahlen und mit Honig und Butter verkneten. Dieser Teig muss recht bröselig sein. Die Äpfel schälen und klein schneiden, die Rosinen waschen. Eine kleine gefettete Springform mit dem Dinkelteig auskleiden und diesen an den Rändern hochziehen. Den Teig 15 Minuten bei 200 °C vorbacken. Mit Semmelbröseln bestreuen und mit dem Obst belegen. Grünkernteig darüber krümeln. Bei 200 °C 30 Minuten backen.

Christstollen

400 g Dinkel
100 g Mandeln
250 g Magerquark
200 g Rosinen
abgeriebene Schale einer Zitrone
250 ml lauwarme Milch
2 Eier
2 EL Honig
1 Würfel Hefe
½ TL Meersalz
1 TL Zimt
Fett für die Kastenform

Den Dinkel fein mahlen und die Mandeln hacken. Mit allen übrigen Zutaten in einer großen Schüssel gut verkneten. Der Teig soll sich von den Händen lösen. Den Teig abgedeckt an einem warmen Ort mindestens 30 Minuten gehen lassen, bis sich das Teigvolumen fast verdoppelt hat. Den Teig in eine gefettete Kastenform füllen und nochmals gehen lassen. Bei 200 °C 60 Minuten backen.

Grünkern-Hirse-Kuchen

Das Rezept reicht für eine kleine Springform.

50 g Rosinen
500 g Äpfel
Saft einer Zitrone
100 g Hirse
100 g Grünkern
1 TL Anis
250 ml Milch
4 Eier
80 g Butter
3 EL Honig
1 Prise Meersalz
Fett für die Springform

Die Rosinen waschen. Die Äpfel vom Kerngehäuse befreien und würfeln. Beides mit Zitronensaft begießen und zur Seite stellen. Das Getreide und den Anis fein mahlen. Milch erhitzen, das Mehl einrühren und das Ganze abkühlen lassen. Die Eier trennen. Eigelb, Butter und Honig schaumig schlagen, unter die Grünkernmasse mischen und salzen. Eiweiß zu Schnee schlagen und mit dem Schneebesen unterheben. Den Teig in eine gefettete Springform füllen und mit der Apfel-Rosinen-Mischung belegen. Bei 200 °C 30 Minuten backen.

❍ **Tipp:** Wer Anis nicht mag, kann ihn einfach weglassen oder stattdessen Zimt nehmen.

Grünkern-Brombeer-Kuchen

Das Rezept reicht für eine kleine Springform.
200 g Grünkern
250 ml Milch
4 Eier
80 g Butter
3 EL Honig
1 TL Zimt
1 Prise Meersalz
Fett für die Springform
500 g Brombeeren

Grünkern grob mahlen. Milch erhitzen, den Grünkern einrühren und abkühlen lassen. Die Eier trennen. Eigelb, Butter und Honig schaumig schlagen und mit den Gewürzen und der Grünkernmasse vermischen. Eiweiß zu Schnee schlagen und mit dem Schneebesen unterheben. Den Teig in eine gefettete Form füllen und mit Brombeeren belegen. Bei 200 °C 40 Minuten backen.

❍ **Tipp:** Grünkernkuchen hält sich besonders lange frisch. Er entwickelt sein typisches Aroma erst am zweiten Tag.

❍ **Tipp:** Statt Brombeeren kann man auch Sauerkirschen nehmen.

Grünkernflockenkuchen

Das Rezept reicht für eine kleine Springform.
200 g Grünkern
500 g Pflaumen
125 ml Wasser
4 Eier
80 g Butter
3 EL Honig
1 Prise Meersalz
1 TL Zimt
Fett für die Springform
2 EL Vollkornbrösel

Die Hälfte des Grünkerns in ein Sieb geben, mit Wasser abbrausen und über Nacht stehen lassen. Die Pflaumen waschen und entkernen. Den übrigen Grünkern fein mahlen. Das Wasser erhitzen und das Mehl einstreuen. Die Masse aufkochen und abkühlen lassen. Die feuchten Grünkernkörner durch die Flockenquetsche geben (notfalls fertige Flocken verwenden und vorher eine halbe Stunde einweichen). Die Eier trennen. Eigelb, Butter und Honig schaumig rühren. Flocken, Grünkernmasse und Gewürze unterrühren. Das Eiweiß steif schlagen und mit einem Schneebesen langsam und vorsichtig unterheben. Den Teig sofort in eine gefettete Springform füllen und mit den Pflaumen belegen. Semmelbrösel darüber streuen. Diese sollen die Flüssigkeit aufsaugen, die die Pflaumen beim Backen abgeben. Den Kuchen bei 200 °C 30 Minuten backen.

❍ **Tipp:** Wenn man die Flocken durch Schrot ersetzen will, sollte man den Grünkern vor dem Schroten nicht anfeuchten.

Phönixkuchen

Wie Phönix aus der Asche entsteht nach diesem Rezept aus Ihren Brotresten ein leckerer Kuchen.

400 g Brot- oder Brötchenreste
250 ml Milch
100 g Dinkel
1 TL Weinsteinbackpulver
3 Eier
100 g Butter
100 g Roh-Rohrzucker
Fett für die Form
100 g Rosinen

Die Brotreste bröckeln, die Milch zum Kochen bringen und darübergießen. Etwas weichen lassen und mit einer Gabel zerdrücken. Die Flüssigkeitsmenge kann erheblich schwanken, da sie davon abhängt, wie trocken die Reste sind. Es muss ein weicher Brei entstehen. Den Dinkel fein mahlen und mit dem Backpulver vermischen. Eier, Butter und Rohrzucker zu einer cremigen Masse schlagen. Alle Zutaten zu dem Brotbrei geben und unterheben. Eine Gugelhupfform fetten und den Kuchenteig einfüllen. Bei 200 °C 30 Minuten backen.

Preiselbeertorte

für den Boden:
250 g Dinkel
100 g Mandeln
1 TL Weinsteinbackpulver
100 g Butter
100 g Roh-Rohrzucker
3 Eier
250 g Joghurt
Fett für die Springform

für den Belag:
400 g Preiselbeerkompott
200 ml Sahne

Den Dinkel fein mahlen, die Mandeln reiben und beides mit dem Weinsteinbackpulver vermischen. Aus Butter, Rohrzucker und Eiern eine schaumige Creme rühren. Zusammen mit dem Joghurt unter das Dinkel-Mandel-Gemisch heben.
Eine Tortenbodenform sorgfältig einfetten. Am besten geht das, wenn man mit dem Finger jede einzelne Rille bestreicht. Stellen Sie sich vor, sie verteilen eine Pflegecreme auf der Augenpartie.
Den Teig einfüllen und bei 200 °C 25 – 30 Min backen.
Den Boden auf einem Kuchengitter abkühlen lassen und nacheinander den Preiselbeerkompott und die geschlagene Sahne darauf verteilen.

Schwarzwälder Kirschtorte

250 g Dinkel
250 g Butter
3 Eier
150 g Roh-Rohrzucker
1 Päckchen Weinsteinbackpulver
100 g gehackte Schokolade
1 EL Kakao
125 ml Rotwein
Fett für die Springform

für die Füllung:
400 ml Sahne
350 g gekochte Sauerkirschen
etwas gehackte Schokolade zum Garnieren
evtl. ein Gläschen Kirschwasser

Dinkel fein mahlen. Butter, Eier und Roh-Rohrzucker zusammen schaumig rühren. Backpulver unter das Mehl mischen und alle Zutaten gut vermischen. Eine Springform fetten und den Teig hineinfüllen. Bei 200 °C 60 – 70 Minuten backen. Dabei mit Backpapier abdecken.
Nach dem Backen den Tortenboden auf einem Rost auskühlen lassen. Die Sahne steif schlagen, eventuell die Kirschen entsteinen. Den Tortenboden mit einem langen, breiten Messer horizontal durchschneiden. Die untere Schicht mit Sahne bestreichen und mit Kirschen belegen. Die zweite Schicht darauflegen und nun die Torte auch an den Außenseiten mit Sahne bestreichen. Mit Kirschen und Schokoladenstückchen garnieren. Das echte Schwarzwälder Kirscharoma kann man der Torte verleihen, indem man die obere Teigplatte vor dem Garnieren mit Kirschwasser tränkt.

Hefeblechkuchen mit Quark

für den Teig:
400 g Dinkel
250 ml Milch
100 g Roh-Rohrzucker
100 g Butter
1 Würfel Hefe
1 Prise Meersalz
Fett für das Blech

für den Belag:
250 g Magerquark
3 g Johannisbrotkernmehl
2 Eier
100 g Roh-Rohrzucker
Saft einer halben Zitrone

Alle Zutaten für den Teig in einer Schüssel gut verkneten, einen Kloß formen und mit einem Handtuch bedeckt am warmen Ort 30 Minuten gehen lassen. Die Zutaten sollten Zimmertemperatur haben.
In einer anderen Schüssel inzwischen die Zutaten für den Belag miteinander verrühren. Ein Blech fetten und den Hefeteig darauf verteilen. Mit der Quarkmasse gleichmäßig bestreichen. Bei 200 °C 30 Minuten backen. Auf dem Blech auskühlen lassen und anschließend in Streifen schneiden.

❍ **Tipp:** Johannisbrotkernmehl erhalten Sie in Reformhäusern oder Naturkostläden.

Biskuit »Apfelraspel-Extra«

250 g Dinkel
1 Päckchen Weinsteinbackpulver
1 Prise Meersalz
4 Eier
3 EL warmes Wasser
250 g Roh-Rohrzucker
4 – 5 saure Äpfel (etwa 700 g)
Fett für die Springform

Den Backofen auf 200 °C vorheizen. Den Dinkel fein mahlen und mit dem Backpulver und Salz vermischen. Die Eier trennen, das Eigelb mit dem warmen Wasser zusammen mit dem Zucker schaumig rühren, das Eiweiß zu Schnee schlagen. Die Äpfel nach Belieben schälen, dann raspeln. Eine Springform gut bis zum oberen Rand einfetten. Wenn alles vorbereitet ist, in einer geräumigen Schüssel die Eigelb-Zucker-Masse, die Äpfel, das Mehl und den Eischnee übereinanderschichten und langsam und vorsichtig untereinanderheben. In die Springform füllen und 50 Minuten backen. Während der ersten 20 Minuten mit Backpapier abdecken.
Nach dem Backen aus der Form lösen und auf einem Kuchengitter auskühlen lassen.

Süßspeisen und Gebäck

In diesem Kapitel finden Sie allerhand süße Köstlichkeiten versammelt, geeignet für Desserts oder für kleine Naschereien zwischendurch, aber auch süße Aufläufe, mit denen man im Sommer eine komplette Mahlzeit bestreiten kann.
Besonders beliebt bei Kindern sind die verschiedenen Waffelvariationen, die aber auch bei erwachsenen Naschkatzen ihre Anhänger haben.

Hefewaffeln

100 g Butter
3 Eier
350 g Dinkel
1 Würfel Hefe
350 ml Milch
2 EL Honig
2 TL Zimt
1 Prise Meersalz
Fett für das Waffeleisen

Die Butter zerlassen und abkühlen, bis sie noch lauwarm ist. Die Eier trennen. Den Dinkel fein mahlen und die Hefe hineinkrümeln. Alle Zutaten – bis auf das Eiweiß – dazugeben und zu einem dünnflüssigen Teig rühren. Eine halbe Stunde gehen lassen. Das Eiweiß zu Schnee schlagen und langsam und vorsichtig unterheben.
Waffeleisen gegebenenfalls einfetten, vorheizen und je einen großen Löffel Teig in 3 Minuten zu einer knusprigen Waffel backen.
Die Waffeln schmecken warm zu Kompott, Obst und Quarkspeisen oder mit Schlagsahne. Man kann sie aber auch kalt essen. Zum Auskühlen werden die Waffeln auf ein Kuchengitter gelegt.

❍ **Tipp:** Unbeschichtete Waffeleisen sollte man mit einem Backpinsel mit etwas Butter einfetten.

Grünkernwaffeln

390 g Dinkel
60 g Grünkern
6 Eier
6 EL Honig
150 g Butter
1 Prise Meersalz
½ TL Zimt
Fett für das Waffeleisen

Dinkel und Grünkern fein mahlen. Eier, Honig und Butter zusammen aufschlagen. Das Mehl dazugeben, mit Meersalz und Zimt abschmecken und eine halbe Stunde quellen lassen. Der Teig bleibt klebrig, sollte jedoch nicht dünnflüssig sein.
Jeweils einen großen Löffel Teig in das vorgeheizte und gegebenenfalls eingefettete Waffeleisen geben und 2 – 5 Minuten backen. Mit Obst und Sahne servieren. Am besten schmecken die Waffeln warm.

❍ **Tipp:** Da diese Waffeln sehr fest und kräftig sind, eignen sie sich besonders gut für eine herzhafte Variante: Dazu den Honig weglassen (eventuell durch etwas Milch ersetzen) und stattdessen mit Muskat und Curry würzen. Die Waffeln sofort wenn sie aus dem Eisen kommen mit geriebenem Käse bestreuen.

❍ **Tipp:** Unbeschichtete Waffeleisen sollte man mit einem Backpinsel mit etwas Butter einfetten.

Apfelwaffeln

3 Eier
125 g Butter
250 g Dinkel
1 TL Weinsteinbackpulver
1 Prise Meersalz
1 dicker Apfel
150 g Roh-Rohrzucker
275 g Joghurt
Fett für das Waffeleisen

Eier und Butter eine Stunde vor dem Backen aus dem Kühlschrank holen. Den Dinkel fein mahlen und mit Backpulver und Salz mischen. Den Apfel nach Belieben schälen und grob raspeln. Butter, Zucker und Eier zusammen aufschlagen. Alle vorbereiteten Zutaten und den Joghurt zu dem Mehl in eine Schüssel geben und vorsichtig untereinander mischen. Der Teig wird nicht besonders flüssig und lässt sich deshalb einfach verbacken.
Das Waffeleisen anheizen und auf hohe Temperatur einstellen. Diese Waffeln enthalten so viel Butter, dass man auch ein unbeschichtetes Eisen nur vor dem ersten Backen sorgfältig einfetten muss. Wer Fett sparen will, kann die Buttermenge im Teig durchaus reduzieren, allerdings muss man dann das Eisen sehr sorgfältig mit weicher Butter einpinseln. Die Waffeln sind nach etwa 5 Minuten gar, man merkt es daran, dass dem Eisen kein Dampf mehr entweicht.

Weihnachtswaffeln

250 g Dinkel
100 g Rosinen
50 g Orangeat
50 g Zitronat
3 Eier
250 g Honig
125 g Butter
125 ml Milch
Fett für das Waffeleisen

Den Dinkel fein mahlen. Rosinen, Orangeat und Zitronat hacken. Eier, Honig und Butter zusammen aufschlagen. Alle Zutaten in eine Schüssel geben und gut vermischen. Ein Waffeleisen anheizen und sorgfältig mit Butter einpinseln. Die Waffeln nacheinander darin backen. Sie brauchen etwa 5 Minuten und sind gar, wenn kein Dampf mehr entweicht.
Diese Waffeln sind die einzigen, die besser schmecken, wenn sie kalt sind, weil Orangeat und Zitronat ihren Geschmack nur langsam verbreiten. Damit sie richtig weihnachtlich schmecken, müssen sie etwas durchziehen.

Grünkernmakronen mit Kokos

200 g Grünkern
50 ml Milch
80 g Butter
4 Eier
3 EL Honig
1 Prise Meersalz
100 g Kokosraspel
Fett für das Blech

Den Grünkern fein mahlen. Die Milch erhitzen und den Grünkern einrühren. Zur Seite stellen und quellen lassen. Butter, Eier und Honig schaumig schlagen und die Grünkernmasse unterarbeiten. Den Teig salzen und die Kokosraspel einrühren. Ein Backblech fetten und mit zwei Teelöffeln Teighäufchen daraufsetzen. Bei 180 °C etwa 25 Minuten backen. Die Makronen zum Abkühlen vom Blech nehmen.

❍ **Variante:** Statt der Kokosraspel kann man auch gehackte Mandeln nehmen.

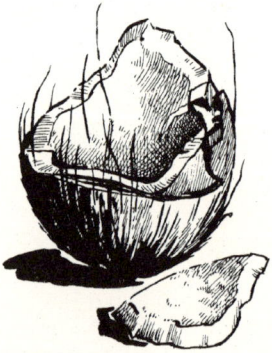

Universal-Buttergebäck »Osterhasen-Nikolaus«

2 Eier
250 g Butter
400 g Dinkel
200 g Roh-Rohrzucker
1 Prise Meersalz
Fett für das Blech
Mehl für das Brett

Eier und Butter eine Stunde vor dem Backen aus dem Kühlschrank holen. Den Dinkel fein mahlen. Eier, Butter und Roh-Rohrzucker zusammen aufschlagen. Das Salz zu dem Mehl geben, die geschlagene Masse darüber verteilen und mit einer Gabel vermischen. Zum Schluss mit den Händen zusammenkneten. Ein Blech sorgfältig fetten und bereitstellen. Ein großes Backbrett dick (besonders wichtig, da der Teig sehr klebrig ist) mit Mehl einstäuben, desgleichen ein Nudelholz. Den Teig vorsichtig ausrollen und mit Ausstechförmchen jahreszeitgerechte Plätzchen ausstechen. Auf das Blech setzen und bei 200 °C 15 Minuten backen. Auf einem Kuchengitter auskühlen lassen.

❍ **Tipp:** Dieses Rezept eignet sich nicht unbedingt zum Backen mit kleinen Kindern, da diese es meist an dem Zartgefühl mangeln lassen, den der Teig beim Ausrollen braucht.

❍ **Tipp:** Wer neutrales Teegebäck herstellen will, formt den Teig zu einer dicken Rolle und schneidet davon Taler ab.

Vanillekipferln

175 g Butter
3 Eier
250 g Dinkel
200 g Mandeln
100 g Roh-Rohrzucker
1 Prise Meersalz
1 EL gemahlene Bourbon-Vanille
Fett für das Blech

Butter und Eier etwa eine Stunde vor dem Backen aus dem Kühlschrank holen. Den Dinkel fein mahlen, die Mandeln fein reiben (oder geriebene kaufen), Zucker, Eier und Butter zusammen aufschlagen, bis der Roh-Rohrzucker aufgelöst ist. Mehl, Mandeln, Salz und Vanille in eine Schüssel geben, die aufgeschlagene Masse darauf verteilen und mit einer Gabel untermischen. Den Teig mit den Händen zusammenkneten. Kleine Hörnchen formen und auf ein sorgfältig gefettetes Blech setzen. Bei 200 °C etwa 20 Minuten backen. Auf einem Kuchengitter auskühlen lassen.

❍ **Tipp:** Diese Weihnachtsplätzchen halten sich in Blechdosen oder Schraubgläsern verpackt und kühl gelagert mehrere Wochen; wenn man sie gut bewacht, fast bis Ostern.

Kirschenmichel

300 g Grünkern
600 ml Wasser
2 Eier
500 g Sauerkirschen
1 Prise Meersalz
2 EL Honig
2 EL Zimt
Fett für die Form
20 g Haferflocken
40 g Butter

Den Grünkern schroten und über Nacht im Wasser einweichen. Die Eier trennen. Eigelb zu dem Grünkern geben, Eiweiß zu Schnee schlagen. Kirschen mit Meersalz, Honig und Zimt unter die Grünkernmasse mengen. Eine Auflaufform fetten. Den Eischnee vorsichtig unter die Masse heben und in die Form füllen. Mit den Haferflocken bestreuen und Butterflöckchen daraufsetzen. Bei 200 °C eine Stunde backen, dabei einen Deckel auf die Form setzen.

❍ **Tipp:** Dieser Auflauf schmeckt auch kalt mit Schlagsahne als Nachtisch gut. Dafür nimmt man nur die halbe Menge.

Süßer Flockenauflauf

280 g Grünkern
1200 g Obst der Saison
2 Eier
100 g Butter
2 EL Honig
1 Prise Meersalz
1 TL Zimt
Fett für die Form

Den Grünkern in ein Sieb schütten, abbrausen und über Nacht stehen lassen.
Das Obst waschen und klein schneiden. Grünkern durch die Flockenquetsche geben. Eier, Butter und Honig verrühren. Die Flocken daruntermischen und mit Meersalz und Zimt abschmecken. In eine gefettete Auflaufform füllen und das Obst darauf verteilen. Mit Deckel bei 200 °C 30 Minuten backen. Dazu schmeckt sehr gut Quark oder, wenn es besonders fein sein soll, Schlagsahne.

❍ **Tipp:** Für einen ausgefallenen Nachtisch nur die halbe Menge zubereiten und das Ganze 15 Minuten in feuerfesten Portionsförmchen backen.
Wenn man die Flocken durch Schrot ersetzen will, sollte man den Grünkern vor dem Schroten nicht anfeuchten.

Vilabonga

Dieses Gericht haben Verwandte von mir aus Mecklenburg mitgebracht. Den eigentümlichen Namen konnte bisher niemand erklären. Ursprünglich nahm man statt Grünkern gehacktes Schwarzbrot.

100 g Grünkern
250 ml Wasser
1 TL Zimt
2 TL Honig
200 g Sauerkirschen aus dem Glas
250 ml Sahne

Grünkern grob schroten, im Wasser 30 Minuten kochen, dann abkühlen lassen und mit Zimt und Honig abschmecken. Abwechselnd mit den Kirschen in eine Schüssel schichten. Die Sahne steif schlagen und das Ganze damit abdecken.

❍ **Tipp:** Vilabonga eignet sich gut als Dessert oder auch als Bereicherung der Kaffeetafel. Es ist sehr sättigend.

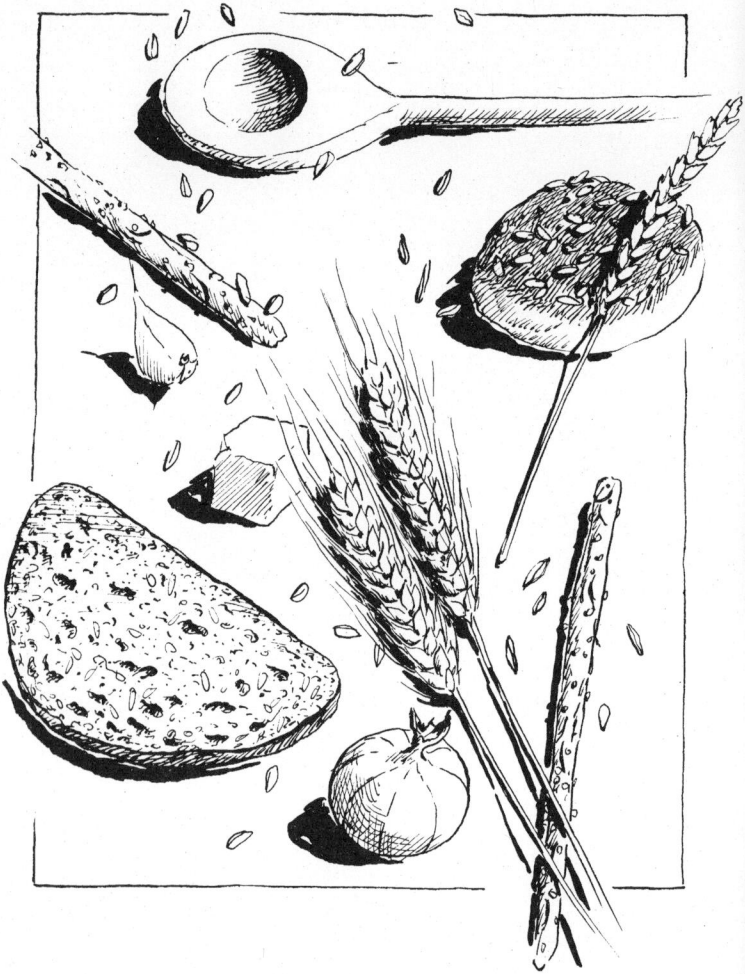

Brot und Brötchen

Dinkel eignet sich vorzüglich zum Backen von Brot und Brötchen. Der hohe Kleberanteil – er entspricht etwa dem des Hartweizens – führt dazu, dass ein Dinkelteig sehr gut bindet. Dinkelmehl nimmt viel Wasser auf und ergibt dadurch einen sehr zähen Teig. Wird durch ein Triebmittel, zum Beispiel Hefe oder Sauerteig, Luft in einen solch elastischen Teig eingebracht, wird diese gut festgehalten, sodass das Gebäck besonders gut aufgeht. Die Zeit, die ein Hefe- oder Sauerteig zum Gehen benötigt, hängt stark von den Umgebungsbedingungen wie Temperatur oder Luftfeuchtigkeit ab. In den Rezepten ist jeweils die Mindestzeit angegeben, es kann aber auch länger dauern. Der Teig sollte beim Gehen sein Volumen in der Schüssel verdoppeln.
Grünkernmehl ist ganz anders als Dinkelmehl. Es ist hart und körnig und klebt überhaupt nicht. Um mit Grünkernmehl zu backen, muss man es zunächst in Flüssigkeit aufkochen. In kleinen Mengen kann man Grünkern zur Geschmacksverbesserung anderen Mehlsorten beimischen.

Sauerteigbrote mit Dinkel

Das Backen von Sauerteigbroten muss man einige Tage vorher planen. Der Sauerteig entsteht aus Roggenmehl und Wasser. Er braucht insgesamt drei Tage, um durchzusäuern. Nach diesem Rezept entstehen 700 g Sauerteig, die für ein Dreipfundbrot ausreichen.

Grundrezept Sauerteig

400 g Roggen
400 ml lauwarmes Wasser
Mehl zum Bestreuen

100 g Roggen fein mahlen und mit 100 ml Wasser in einer Schüssel gut verrühren. Mit Mehl bestreuen (damit die Oberfläche nicht austrocknet) und mit einem Tuch bedeckt bei Zimmertemperatur einen Tag lang stehen lassen.
Am nächsten Tag 100 g Roggenmehl und 100 ml Wasser dazurühren und einen weiteren Tag stehen lassen. Am dritten Tag 200 g Roggenmehl und 200 ml Wasser hinzufügen und nochmals 24 Stunden stehen lassen. Je nach Wärme wird der Teig spätestens am zweiten Tag einen angenehm säuerlichen Geruch verströmen und anfangen, Blasen zu werfen.

❍ **Tipp:** Wählen Sie eine Schüssel, die groß genug ist, damit auch die letzten 200 g Mehl noch hineinpassen!

Grundrezept Dinkel-Sauerteigbrot

650 g Dinkel
1 Würfel Hefe
300 ml lauwarmes Wasser
3 TL Meersalz
700 g Sauerteig
Fett für die Kastenform

Den Dinkel fein mahlen. Die Hefe in einer Schüssel zerkrümeln, Wasser unterrühren, salzen und den Sauerteig dazugeben. Gut durchkneten, mit einem Tuch abdecken und 30 Minuten gehen lassen. Der Teig sollte nicht mehr flüssig sein, sich aber auch nicht von den Händen lösen.
Den Teig in eine gefettete Kastenform füllen und nochmals 30 Minuten gehen lassen. Mit Mehl bestreuen und 70 Minuten bei 200 °C backen.
In den Backofen eine Tasse Wasser stellen und das Brot nach der Hälfte der Backzeit mit Wasser besprengen. So entsteht eine schöne Kruste.

❍ **Tipp:** Es ist unbedingt empfehlenswert, das Brot in einer Kastenform zu backen. Für ein geformtes Brot auf dem Blech ist dieser Teig zu flüssig. Das Brot schmeckt erst am zweiten Tag richtig gut und hält sich im Brottopf eine Woche lang.

Sauerteigbrot mit Grünkern

600 g Dinkel
200 g Grünkern
3 TL Meersalz
1 Würfel Hefe
350 ml lauwarmes Wasser
700 g Sauerteig
Fett für die Kastenform

Aus diesen Zutaten kann man nach dem Grundrezept (siehe Seite 139) ein besonders würziges Brot zubereiten.
Statt Roggen kann man für die Zubereitung des Sauerteigs auch Dinkel verwenden und diesen dann als Grundlage für das Dreipfundbrot nehmen. Ein solches Brot ist viel heller als das mit Roggensauerteig zubereitete und hat ein unvergleichliches Aroma.
Sauerteigbrote können gut variiert werden. So lassen sich z. B. Sonnenblumenkerne oder eingeweichte Grünkernkörner unterarbeiten. Als Gewürz eignet sich eine Mischung aus einem Esslöffel Kümmel und einem Teelöffel Anis. Kräuter geben dem Brot eine individuelle Note.
Einen ganz besonderen Geschmack erzielen Sie, wenn Sie 100 g des Mehls (nicht im Sauerteig) durch Malzkaffee ersetzen. Am besten geeignet ist ungemahlener Malzkaffee (in der Getreidemühle mitmahlen). Instantkaffee sollte nicht verwendet werden.

Grünkernfladenbrötchen

für 10 Brötchen:
200 g Grünkern
300 ml Milch
300 g Dinkel
500 g saure Sahne
1 Würfel Hefe
1 TL Meersalz
Fett für das Blech

Den Grünkern fein mahlen und über Nacht in der Milch einweichen. Den Dinkel mahlen, alle übrigen Zutaten dazugeben und gut mischen. Es muss ein relativ dünner Teig entstehen, der noch am Löffel klebt. Mindestens 30 Minuten an einem warmen Ort mit einem Tuch bedeckt gehen lassen.
Ein Blech einfetten und den Teig mit zwei Esslöffeln portionsweise daraufsetzen. Dabei genügend Abstand halten, da die Brötchen beim Backen auseinanderlaufen und flach werden. Sie haben dann den doppelten Durchmesser. Die Brötchen bei 200° C 30 Minuten backen.

Dinkelbrötchen

für 8 Brötchen:
400 g Dinkel
1 Würfel Hefe
200 ml Milch
100 g Butter
1 TL Meersalz
Fett für das Blech

Den Dinkel fein mahlen. Die Hefe in das Mehl krümeln, mit der Milch und der Butter zu einem Teig verkneten und salzen. Der Teig sollte sich von den Händen lösen. Den Teig in eine Schüssel legen und mit einem Tuch abdecken. An einem warmen Ort 30 Minuten gehen lassen. Ein Blech einfetten, acht Brötchen formen, auf das Blech setzen und die Brötchen nochmals gehen lassen. Bei 200 °C 30 Minuten backen.
Diese Brötchen schmecken am besten frisch. Länger als einen Tag sollte man sie nicht aufheben. Aber im Normalfall sind sie dann ohnehin schon aufgegessen.

Zwiebelbrötchen

für 8 Brötchen:
400 g Dinkel
1 Würfel Hefe
200 ml Milch
100 g Butter
1 TL Meersalz
2 kleine Zwiebeln
Fett zum Rösten
Fett für das Blech

Den Dinkel fein mahlen. Die Hefe in das Mehl krümeln, mit Milch und Butter zu einem glatten Teig kneten und salzen. Der Teig sollte sich von den Händen lösen.
In einer mit einem Tuch bedeckten Schüssel 30 Minuten an einem warmen Ort gehen lassen.
Die Zwiebeln fein hacken, goldbraun rösten und unter den Teig kneten. Acht Brötchen formen und auf ein gefettetes Blech setzen. Die Brötchen nochmals gehen lassen und bei 200 °C 30 Minuten backen.

Käsebrötchen aus Dinkel

für 8 Brötchen:
120 g mittelalter Gouda
400 g Dinkel
380 g Joghurt
1 Würfel Hefe
½ TL Meersalz
Fett für das Blech

Den Käse in kleine Würfel schneiden und den Dinkel fein mahlen. Alle Zutaten in einer Schüssel gut verkneten. Der Teig sollte sich leicht von den Händen lösen.
Die Schüssel mit einem Tuch bedecken und an einem warmen Ort eine halbe Stunde gehen lassen. Acht Brötchen formen, diese auf ein gefettetes Blech setzen und nochmals gehen lassen. Bei 200 °C 30 Minuten backen.

Käsehörnchen

für 8 Hörnchen:
400 g Dinkel
1 Würfel Hefe
200 ml Milch
100 g Butter
1 Prise Meersalz
2 kleine Zwiebeln
Fett zum Anbraten
200 g Gouda
2 Eier
2 EL Kräuter der Provence
Mehl für das Brett
Fett für das Blech

Den Dinkel fein mahlen. Die Hefe über das Mehl krümeln und mit Milch und Butter zu einem festen Teig verkneten, der sich von den Händen löst. Den Teig salzen und in einer mit einem Tuch bedeckten Schüssel 30 Minuten gehen lassen.
In dieser Zeit die Zwiebeln hacken und goldgelb rösten. Den Käse reiben und Eier, Kräuter und Zwiebeln damit mischen. Den Teig in acht gleiche Teile teilen. Ein Backbrett bemehlen und mit einem Nudelholz einen Teigball oval ausrollen. Diesen der Länge nach mit der Füllung belegen, zusammenrollen, an den Enden zusammendrücken und zu einem Hörnchen biegen. Mit den übrigen Teigstücken ebenso verfahren.
Die Hörnchen auf ein gefettetes Blech setzen und bei 200 °C 30 Minuten backen. Noch warm servieren.

Grünkernbrötchen

für 8 Brötchen:
200 g Grünkern
200 g Dinkel
200 ml Wasser
200 ml Milch
4 EL Öl
1 Würfel Hefe
1 TL Meersalz
Fett für das Blech

Grünkern und Dinkel getrennt fein mahlen. Das Wasser erhitzen, das Grünkernmehl einrühren und das Ganze zur Seite stellen. Dinkel mit Milch, Öl und Hefe vermischen. Den lauwarmen Grünkernbrei (er darf nicht mehr heiß sein, da die Hefe sonst zerstört wird) unterkneten, salzen und in einer abgedeckten Schüssel 30 Minuten gehen lassen. Der Teig sollte sich von den Händen lösen.
Ein Blech einfetten, acht Brötchen formen, auf das Blech legen und nochmals gehen lassen. Bei 200 °C 30 Minuten backen.

Malzbrötchen

für 8 Brötchen:
350 g Dinkel
50 g Malzkaffee
1 Würfel Hefe
200 ml Milch
1 TL Meersalz
100 g Butter
Fett für das Blech

Dinkel und Malzkaffee fein mahlen. Die Hefe in das Mehl krümeln und mit sämtlichen Zutaten zu einem glatten Teig verkneten. In einer mit einem Tuch bedeckten Schüssel 30 Minuten gehen lassen. Acht Brötchen formen und auf ein gefettetes Blech setzen. Bei 200 °C 30 Minuten backen.

❍ **Tipp:** Im Naturkosthandel ist ungemahlener Malzkaffee erhältlich. Die gerösteten Gerstenkörner besitzen zwar noch Spelzen, diese sind durch die Vorbehandlung aber weich und genießbar geworden.
Der Malzkaffee gibt den Brötchen eine dunkle Farbe und ein unverwechselbares Aroma.

Knauzenwecken

für 10 Brötchen:
500 g Dinkel
1 Würfel Hefe
250 ml lauwarmes Wasser
2 EL Malzextrakt
1 Schuss Essig
1 TL Meersalz
Fett für das Blech

Den Dinkel fein mahlen und mit Hefe, Wasser, Malzextrakt und Essig gut verkneten. Einen Kloß formen und diesen mit einem Tuch bedeckt 30 Minuten an einem warmen Ort gehen lassen. Den Teig salzen, nochmals durcharbeiten und zehn Brötchen daraus formen. Diese auf ein gefettetes Blech setzen und nochmals gehen lassen. Mit Wasser bestreichen und bei 200 °C 30 Minuten backen.
Knauzenwecken sind ein altes Dinkelgebäck aus Schwaben.

Seelen

Seelen sind große Salzstangen. Sie sind ein altes schwäbisches Gebäck, das früher immer aus Dinkel gebacken wurde. Ursprünglich wurden sie zu Allerseelen gebacken und als Totengabe auf die Gräber gelegt. Seelen bestehen aus einem sehr mageren Teig, der nur aus Mehl, Hefe und Wasser bereitet wird.

für 8 Stangen:
500 g Dinkel
1 Würfel Hefe
400 ml lauwarmes Wasser
Meersalz und Kümmel zum Bestreuen

Den Dinkel fein mahlen. Die Hefe in etwas lauwarmem Wasser anrühren und mit dem restlichen Wasser unter das Mehl kneten. Aus dem Teig einen Kloß formen, diesen in eine Schüssel legen und mit einem Handtuch bedecken. Den Teig 30 Minuten an einem warmen Ort gehen lassen, dann nochmals durcharbeiten, eine dicke Rolle formen und zu acht Stangen zerschneiden. Die Seelen auf ein Brett setzen, nochmals gehen lassen und mit Salz und Kümmel bestreuen. Ein Blech auf Backtemperatur aufheizen, die Stangen daraufsetzen und bei 200 °C 25 Minuten backen.

Olivenölbrötchen alias Dinkelstängli

für etwa 8 Brötchen:
400 g Dinkel
1 Würfel Hefe
1 TL Meersalz
100 ml Olivenöl
250 ml lauwarmes Wasser
Fett für das Blech

Den Dinkel fein mahlen. Mit allen Zutaten gut verkneten und in einer mit einem Tuch abgedeckten Schüssel 30 Minuten gehen lassen. Ein Blech fetten, acht Brötchen formen, auf das Blech legen und nochmals gehen lassen. Bei 200 °C 30 Minuten backen.

❍ **Tipp:** Das Olivenöl verleiht diesen Brötchen eine besondere Geschmeidigkeit. Man kann den Teig mit Käsewürfeln oder Nüssen, Sesam, Sonnenblumenkernen etc. abwandeln.

❍ **Tipp:** Um Partygebäck herzustellen, den Teig zu einem rechteckigen Block von etwa 2 cm Dicke formen. Davon schmale Streifen abschneiden und einfach verzwirbeln. Auf ein Blech setzen und backen, fertig sind die »Dinkelstängli«. Da sie dünner als Brötchen sind, brauchen sie nur 20 Minuten Backzeit.

❍ **Tipp:** Dieser Hefeteig ist ein hervorragender Pizzateig. Die Menge dieses Rezeptes reicht genau für ein Backblech Pizza.

Osterkränzchen

für 8 Kränzchen:

Aus den verschiedenen Brötchenteigen den Lieblingsteig auswählen und zubereiten. (Nur Grünkernfladenbrötchen eignen sich nicht für dieses Rezept, da dieser Teig zu flüssig ist.)
Den Teig in acht Portionen teilen, jede Portion zu einer etwa 30 cm langen Rolle formen und diese etwas flachdrücken. Die Rolle so in drei Längsstreifen schneiden, dass sie an einem Ende noch zusammenhängt. Einen Zopf flechten, zu einem Kranz formen und verkleben. Auf die »Nahtstelle« ein strahlenförmig eingeschnittenes Teigblättchen setzen. Die Kränzchen auf ein gefettetes Blech setzen und gehen lassen.
Für jedes Kränzchen ein Ei sauber abwaschen, einstechen und auf die ofenfertigen Kränzchen setzen. Die Kränzchen bei 250° C 30 Minuten backen.

❍ **Tipp:** Auf die gleiche Weise lassen sich auch leckere Brezeln backen. Hierfür werden die Teigportionen auf einem bemehlten Brett zu etwa 50 cm langen Rollen geformt, die in der Mitte etwa doppelt so dick sein sollten wie an den Enden. Aus den Rollen Brezeln schlingen und diese wie die Brötchen backen.

Literatur- und Quellenangaben

Mitteilung der Geschäftsführung der Vereinigung fränkischer Grünkern-Erzeuger, Boxberg e. V.
www.fraenkischer-gruenkern.de

Hans-Jürgen Wöppel:
Dinkelanbau und Grünkernerzeugung im Bauland
Diplomarbeit, Kiel, 1983

Udelgard Körber-Grohne:
Nutzpflanzen in Deutschland
Kulturgeschichte und Biologie,
Theiss-Verlag, Stuttgart, 1987

Die Autorin

In einem halben Jahrhundert kann man eine Menge werden und sein: Germanistin, Fremdsprachensekretärin, Managerin des erfolgreichen Familienunternehmens »Rabe«, Autorin, Märchenfrau und Geschichtenerzählerin, Spinnerin ...
Ute Rabe lebt und arbeitet mit ihrer Familie in Paderborn. Sie intereressiert sich für Bach und Blues, Bocaccio, die Bibel und vieles mehr.
Sie hat eine große Vorliebe für gutes Essen und tut dies mit viel Genuss, zu Hause und überall, wo sie hinkommt. Wenn es darum geht, eine neue Gegend zu erkunden, ist das örtliche Angebot an Lebensmitteln immer im Fokus. Während ihrer »Familien-Karriere« hat sie mehrere Vollwert-Kochbücher im pala-verlag herausgebracht.
Als Erzählerin tritt sie in Kirchen, Kneipen und auf der Kleinkunstbühne auf und trägt ihre Geschichten in Kindergärten, Seniorenheimen, Schulen, und Behinderten-Einrichtungen vor. Oft sitzt sie wie zu Urgroßmutters Zeiten am Spinnrad, wenn sie erzählt. Und wie könnte es anders sein: Auch wenn die Rabe erzählt, gibt es ganz oft etwas Leckeres zu essen ... im Internet nachzulesen unter www.die-rabe.de.

Rezeptindex

Apfel-Dinkel-Pfannkuchen 96
Apfelmüsli 105
Apfelraspel-Biskuit 123
Apfelwaffeln 120
Ayranmüsli 106

Bandnudeln ohne Ei 74
Basilikumsauce 92
Biskuit »Apfelraspel-Extra« 123
Biskuitrolle 113
Brandteigklöße 72
Brokkolistrudel 66
Brokkolitorte 63
Brombeer-Grünkern-Kuchen 117
Buttergebäck Osterhasen-Nikolaus ... 131
Buttermilchmüsli 106

Camembert im Grünkernmantel 75
Champignonköpfe, gefüllt 59
Christstollen 115
Cremesuppe 38
Croûton-Grünkernsuppe 37
Crunchy Nut 105

Dinkel mit Pinienkernen 70
Dinkelbrei, süß 101
Dinkelbrötchen 142
Dinkel-Gemüseallerlei mit Mandeln 67
Dinkel-Grünkern-Pfannkuchen 97
Dinkel-Kartoffel-Küchlein 88
Dinkel-Käse-Bratlinge 84
Dinkel-Käse-Brötchen 144
Dinkel-Minze-Aufstrich 80
Dinkelpfannkuchen mit Äpfeln 96
Dinkelsalat 54
Dinkel-Sauerteigbrot 139
Dinkelspätzle 73
Dinkelstängli 150

Flockenauflauf, süß 134
Flockenpfanne 58
Flockensuppe 43
Frischkornmüsli 104

Gefüllte Champignonköpfe 59
Gefüllte Gemüsezwiebeln 61
Gefüllte Paprika mit Dinkel 68
Gefüllte Teigtaschen 78
Gemüseallerlei mit Mandeln 67
Gemüse-Grünkern-Eintopf 46
Gemüsezwiebeln, gefüllt 61
Greyerzer Käsesauce 91
Grießnockerln aus Grünkern 40
Grundrezept Dinkel-Sauerteigbrot 139
Grundrezept Sauerteig 138
Grünkernauflauf 76
Grünkernaufstrich 79
Grünkernaufstrich, indisch 81
Grünkern-Brombeer-Kuchen 117
Grünkernbrötchen 146
Grünkerncremesuppe 38
Grünkern-Dinkel-Pfannkuchen 97
Grünkernfladenbrötchen 141
Grünkernflockenkuchen 118
Grünkern-Gemüse-Eintopf 46
Grünkern-Hafergrütze 100
Grünkern-Hafer-Suppe 41
Grünkern-Hirse-Kuchen 116
Grünkern-Hirse-Sauce 90
Grünkern-Käse-Suppe 39
Grünkernklöße 71
Grünkern-Kohlrouladen 69
Grünkern-Krümeltorte 114
Grünkernmakronen mit Kokos 130
Grünkernsalat mit Käse 52
Grünkern-Tofu-Salat 55
Grünkernwaffeln 127

Hafer-Grünkern-Suppe 41
Hafergrütze mit Grünkern 100

Hefeblechkuchen mit Quark.....122
Hefeklöße 99
Hefewaffeln 126
Helle Sauce 89
Hirse-Grünkern-Kuchen.....116
Hirse-Grünkern-Sauce.....90
Hokkaidobratlinge.....86

Indischer Grünkernaufstrich.....81

Kaiserschmarren 98
Kartoffel-Dinkel-Küchlein.....88
Kartoffelsalat 50
Käsebrötchen 144
Käse-Dinkel-Bratlinge 84
Käse-Grünkern-Salat 52
Käse-Grünkern-Suppe.....39
Käsehörnchen 145
Käsesauce.....91
Kefir-Müsli 104
Kichererbsenbratlinge.....85
Kirschenmichel.....133
Kirschtorte 121
Klare Flockensuppe 43
Klassische helle Sauce 89
Knauzenwecken 148
Kohlrabiauflauf.....60
Kohlrabisuppe 45
Kohlrouladen.....69
Kokosmakronen 130
Krautsalat 53
Krümeltorte.....114

Malzbrötchen.....147
Milder Dinkelsalat 54
Minze-Dinkel-Aufstrich 80
Mohnkuchen.....110
Mohnstrudel 112
Müsli mit Kefir.....104

Nikolaus-Buttergebäck 131

Obstsalat.....51
Olivenölbrötchen.....150
Osterhasen-Buttergebäck 131
Osterkränzchen 151

Paprika, gefüllt.....68
Paprikapizza.....65
Phönixkuchen 119
Pinienkerne mit Dinkel.....70
Preiselbeertorte.....120

Quark-Hefeblechkuchen.....122

Resteauflauf.....77
Rosenkohl auf Grünkern 64

Sauerampfersuppe.....36
Sauerteig 138
Sauerteigbrot mit Grünkern 140
Sauerteigbrot 139
Sauerteigbrote mit Dinkel 138
Schnitzensuppe 47
Schwarzwälder Kirschtorte.....121
Seelen.....149
Spargelcremesuppe 44
Strudel mit Brokkoli.....66
Süßer Dinkelbrei.....101
Süßer Flockenauflauf.....134

Teigtaschen, gefüllt.....78
Tofu-Grünkern-Salat.....55
Tomatensauce.....93
Tomatensuppe 42

Vanillekipferln.....132
Vilabonga 135

Weihnachtswaffeln.....129

Zwiebelbrötchen 143
Zwiebelpizza 62

Andere Bücher aus dem pala-verlag

Heike Kügler-Anger:
Vegetarisches aus der Klosterküche
ISBN: 978-3-89566-286-7

Lena Brorsson Alminger:
Schwedisch backen
ISBN: 978-3-89566-269-0

Irmela Erckenbrecht:
Querbeet
ISBN: 978-3-89566-279-9

Jutta Grewe:
Vegetarisches aus Omas Küche
ISBN: 978-3-89566-294-2

Vollwert-Bücher mit Cartoons von Renate Alf

Klaus Weber:
Das Buch vom guten Pfannkuchen
ISBN: 978-3-89566-151-8

Irmela Erckenbrecht:
Zucchini
ISBN: 978-3-89566-200-3

Jutta Grimm:
Vegetarisch grillen
ISBN: 978-3-89566-301-7

Claudia Schmidt:
Alles Tomate!
ISBN: 978-3-89566-173-0

Vegetarisches aus aller Welt

Petra Skibbe und Joachim Skibbe:
Toscana vegetariana
ISBN: 978-3-89566-278-2

Irmela Erckenbrecht:
American Veggie
ISBN: 978-3-89566-297-3

Kerstin Lautenbach-Hsu:
Vegetarisch kochen – chinesisch
ISBN: 978-3-89566-259-1

Heike Kügler-Anger:
Cucina vegana
ISBN: 978-3-89566-247-8

Vegan genießen

Heike Kügler-Anger:
Vegan grillen
ISBN: 978-3-89566-302-4

Alexander Nabben:
Tofu vegan
ISBN: 978-3-89566-283-6

Ingrid und Alexander Neukert:
Einfach mal vegan
ISBN: 978-3-89566-305-5

Angelika Eckstein:
Vegan backen
ISBN: 978-3-89566-239-3

pala-verlag • Postfach 11 11 22 • 64226 Darmstadt • www.pala-verlag.de

ISBN: 978-3-89566-189-1
© 2003: pala-verlag, Rheinstr. 35, 64283 Darmstadt
3. Auflage 2012
Alle Rechte vorbehalten
Lektorat: C. Waßmann / U. Galter / W. Hertling
Illustrationen: Margret Schneevoigt
Umschlaggestaltung: Karin Bauer
Druck: fgb • freiburger graphische betriebe
www.fgb.de
Printed in Germany

Dieses Buch ist klimaneutral
produziert und auf Papier aus
100 % Recyclingmaterial gedruckt.